Ellen Mersdorf

Alles nur in meinem Kopf

Leben mit Obsessionen
und Zwangsgedanken

BALANCE **erfahrungen**

Ellen Mersdorf

Alles nur in meinem Kopf

Leben mit Obsessionen
und Zwangsgedanken

Für meinen Mann. Wo wäre ich heute ohne Dich?

Vorwort

Ich heiße nicht Ellen Mersdorf. Ansonsten ist alles wahr. Leider. Meine Geschichte beginnt vor zehn Jahren. Damals wurde ich so krank, dass ich nicht mehr leben wollte. Durch einen glücklichen Zufall bekam mein Leiden irgendwann einen Namen. Ich habe eine Zwangsstörung. Lassen Sie es mich gleich sagen: Ich wasche mir die Hände nur, wenn sie dreckig sind. Ich kontrolliere keine Schlösser, bin weder sonderlich ordentlich noch horte ich Dinge. Ich gehöre zu den Zwangspatienten, deren Zwangshandlungen verdeckt stattfinden. Ich zitiere den Text eines Liedes von Andreas Bourani: »Das ist alles nur in meinem Kopf.«
Das macht es keinesfalls leichter. Im Gegenteil. Manchmal wünschte ich, ich könnte putzen, ordnen und Herdplatten an- und ausschalten, um die große Angst in mir zu neutralisieren. Der amerikanische Psychologe Lee Baer, ein ausgewiesener Spezialist für Zwangsstörungen, sagt, dass sich Menschen, die ausschließlich unter Obsessionen (= Zwangsgedanken) leiden, oft mehr quälen als Menschen mit jeder anderen ihm bekannten psychiatrischen Störung. Dem ist nichts hinzuzufügen.

Ich weiß mittlerweile, dass ich nicht alleine bin. Da draußen gibt es Unzählige, die jeden Tag aufs Neue mit Dämonen, Kopfkobolden, Obsessionen und schlimmen Gedanken kämpfen. Viele Betroffene wissen nicht, wie ihr Leiden heißt. Sie glauben, sie seien depressiv, oder fürchten, den Verstand zu verlieren. Ich widme dieses Buch auch all jenen, die gerade durch die Hölle gehen und nicht ahnen, dass sie eine Zwangsstörung haben. Sobald die richtige Diagnose gestellt wurde, wird es leichter. Zumindest ein bisschen.

Ich weiß bis heute nicht, warum es mir passiert ist. Denn eigentlich war mein Leben gut. Zumindest sah es von außen gut aus. Ich kam aus dem richtigen Elternhaus, hatte gerade erfolgreich ein Studium abgeschlossen, lebte mit meinem Freund zusammen – kurz, ich war ein Erfolgsmodell. »Unsere Kinder funktionieren«, erzählten meine Mutter und mein Vater immer stolz. Es waren immer die Töchter und Söhne anderer Leute, die Drogen nahmen, ihr Studium abbrachen oder Autos zu Schrott fuhren. Manchmal hat eine scheinbar perfekte Fassade aber schon lange Haarrisse, bevor sie einstürzt. Im Nachhinein fallen mir tausend Momente ein, die belegen, dass eben nicht alles in Ordnung war. Es gab Phasen, in denen ich von massiven Ängsten geplagt wurde, es gab Phasen, in denen ich kaum Schlaf finden konnte. Am schlimmsten war es kurz vor den Abschlussprüfungen an der Uni. Der Rücken schmerzte, die Stirn pochte, ich hatte Panik, zu versagen. Als die letzte Klausur geschrieben war, kehrte für wenige Wochen Ruhe ein. Eigentlich hätte ich mich nun zurücklehnen können. Eigentlich hätte ich endlich leben können.

Doch dann griff mich ein »Ohrwurm« an. Ich rede von diesen kleinen, länglichen Insekten mit der ausgeprägten Zange am Hinterleib. Als ich noch sehr klein war, erzählte mir jemand, diese Tiere würden ahnungslosen Schlafenden ins Ohr kriechen und sich dort verbeißen. Im Laufe der Jahre verblasste die Erinnerung. Irgendwann hielt ich die Geschichte nur noch für ein Ammenmärchen. Bis zu jener Herbstnacht. Während ich einschlief, lauerte das Insekt unter meinem Kopfkissen. Als ich von etwas Schönem träumte, griff es an. Es kroch in meinen Gehörgang und bohrte sich durch mein Trommelfell. Es tat nicht weh. Dann schaukelte der Ohrwurm kurz an Hammer, Amboss und Steigbügel, um anschließend in mein Innenohr zu krabbeln. Von dort aus nagte er sich durch meinen Schädelknochen und nistete sich in meinem Gehirn ein. Ja, so muss es gewesen sein, denn von da an wurde alles anders.

Am folgenden Tag saß ich mit meinem Freund Ben auf dem Parkett unserer Altbauwohnung, er im Schneidersitz, ich auf den Knien. Ich rang mit den Worten. Es gab einen Gedanken, der mich quälte. Ich wusste das damals noch nicht, aber das Tier hatte ihn mir ins Gehirn gepflanzt. Natürlich ahnte ich davon nichts. Ich kannte höchstens diese akustischen Ohrwürmer. Wenn mir ein Lied gefiel und ich es einen Tick zu oft hörte, verfolgte es mich tagelang. Morgens, mittags und abends »Life is a mystery, everyone must stand alone, I hear you call my name and it feels like ho-home.« Madonna nervte, aber sie tat mir nicht weh. Es war nur ein Lied. Ein Lied, das ich getrost ignorieren und hoffentlich bald vergessen konnte.

Damals, auf dem Wohnzimmerboden, war es anders. Dieser Ohrwurm war viel aggressiver. Er hatte mir keinen Popsong, sondern eine Frage in mein Gefühlszentrum geschleust. Sie ging ungefähr so: Was wäre, wenn ich Ben nicht mehr lieben würde? Folgerichtig müsste ich ihn dann verlassen, oder? Ein zugegebenermaßen banaler Gedanke. Ich schätze, das fragt sich jeder, der in einer Beziehung lebt, gelegentlich. In mir löste die Frage aber eine Kettenreaktion aus. Nach meiner Logik musste an dem Gedanken wohl etwas dran sein. Warum sonst sollte ich ihn denken? Er tauchte immer wieder auf und wurde von Mal zu Mal stärker. Wieso konnte ich den Lautstärkeregler nicht finden? Ich bin ein sehr ehrlicher Mensch und kann Dinge kaum mit mir selbst ausmachen. Es ist ein bisschen wie bei einem Kind, das seine Kümmernisse teilen muss. Dieser Gedanke musste heraus, denn ich fühlte mich schuldig. Deswegen erzählte ich meinem Partner davon. Ich sagte »Ich glaube, ich muss dich verlassen.« Ben sah mich verständnislos an. Ich schob nach: »Ich fürchte, dich nicht mehr zu lieben.« Es war passiert. Der Gedanke hatte meinen Kopf verlassen und war in der Welt. Nun wurde er noch ein Stück realer.

Ben merkte, dass es mir ernst war. Ich zitterte am ganzen Leib, weinte wie ich noch nie zuvor geweint hatte. Ich wiederholte meine Befürchtung immer und immer wieder: »Ich glaube, ich muss dich verlassen! Ich bin mir fast sicher.«

Wie es weiterging, weiß ich nur noch bruchstückhaft. Ich rannte zur Wohnungstür hinaus, stolperte die knarrende Eichenholztreppe hinab, riss die Haustür auf, hastete zum Auto, stieg ein und fuhr wie in Trance durch die Stadt. Mein Gehirn lief auf Hochtouren. Dieser Gedanke war aus meinem Kopf gekommen. Es musste also etwas Wahres daran sein, sonst hätte ich das doch nicht gedacht. Konnte es sein, dass mir mein Unterbewusstsein eine Botschaft schickte? War das der Notausgang aus einer Beziehung, deren Scheitern ich mir nicht eingestanden hatte? Mir kamen viele kleine »Probleme« in den Sinn. Hatten sich die Krümel in der Butter oder die Barthaare im Waschbecken so aufgetürmt, dass wegen dieser Banalitäten meine Liebe gestorben war? Der Gedanke an das mögliche Beziehungsende ließ sich nicht vertreiben. Er hämmerte staccatoartig durch meine Hirnwindungen. Ich dachte daran, als ich das Lenkrad drehte, dachte daran, als ich in den vierten Gang schaltete, dachte daran, als ich einige Zeit später ausstieg. Es fühlte sich an wie bei einem Gewitter. Dauernd donnerte es in meinem Kopf. Und ich zuckte jedes Mal aufs Neue zusammen. Ich grübelte. Hatte ich mich vielleicht in einen anderen Mann verliebt? Hatte ich nicht. Ich war mir aber nicht sicher. Ich ging alle Männer, mit denen ich in den letzten Wochen gesprochen hatte, in Gedanken durch. Vielleicht hatte ich mich verliebt, ohne es zu merken. War ich unbewusst fremdgegangen? War das überhaupt möglich? Wieso ließ sich der Impuls, mich zu trennen, nicht unterdrücken? Konnte es sein, dass ich meinen Freund nicht mehr genug liebte? Wann war Liebe genug? Hatte ich ihn jemals genug geliebt? Wie sollte es nun weitergehen? Warum geschah das mit mir?

Nach einer Irrfahrt quer durch die Stadt landete ich in meiner ehemaligen WG. Ich kann nicht so genau sagen, warum ich gerade dort anhielt. Vielleicht, weil ein Fenster erleuchtet war. Meine ehemalige Mitbewohnerin öffnete mir die Tür. Sie sah mein verheultes Gesicht und riss die Augen auf. Nein, es war nichts passiert. Oder vielleicht doch? Ich erzählte meine Geschichte. Insgeheim hoffte ich, jemand würde mich quasi von außen zur Vernunft bringen, jemand könnte mich durchschütteln und so die schlimme Vorstellung vertreiben. Das Gegenteil geschah: Sie nahm mich in den Arm und tröstete mich. Für sie war das alles relativ normal. »Beziehungen scheitern«, sagte sie. »Dass es aber gerade euch erwischt, das hätte ich nicht gedacht.« Mein Magen verkrampfte sich weiter, ich schlotterte. Nun war ich eine Frau, die offensichtlich dabei war, eine jahrelange Beziehung zu beenden.

Wenn man Fremde oder Freunde, Bekannte oder Verwandte zum Thema Liebeskummer befragt, können alle etwas sagen. Jeder hatte schon einmal ein gebrochenes Herz. Die meisten sind sich sicher, dass man aus einer Trennung gestärkt hervorgeht. Einige bieten ihre Hilfe an. Aber kaum jemand hinterfragt, warum Menschen auseinandergehen. Das ist verständlich. Wer will schon anderer Leute Schmutzwäsche sehen? Meistens gibt es »unüberbrückbare Hindernisse« oder »Differenzen«. Das geht niemanden etwas an, das will man auch gar nicht wissen. Man gibt sich vernünftig, man ist abgeklärt. Es war besser für uns alle, wir haben uns nicht mehr gutgetan und so weiter.

Meine »Trennung« war anders. Ganz anders. Meine Gedanken drehten sich endlos um die Fragen: Kann es sein, dass ich meinen Freund nicht mehr liebe? Und wäre es dann nicht absolut wichtig, reinen Tisch zu machen? Obwohl die Idee durch mein Bewusstsein pulsierte, fühlte sich alles so falsch an. Ich fuhr noch in derselben Nacht zurück zu unserer gemeinsamen Wohnung. Ben saß immer noch auf dem Wohnzimmerboden und hatte rot geäderte Augen. Er war verwirrt, fragte dauernd nach dem Warum. Es gab kein Warum. Es gab nur die Gedanken in meinem Kopf. Gedanken, die ich gedacht hatte. Gefühle, die ich gefühlt hatte und immer noch fühlte.

Ich bin ein Kopfmensch. Ich kann logisch denken, gut abstrahieren, mich in andere Positionen hineinversetzen. Mein Geist war immer mein Kapital. Wenn andere oberflächlich oder impulsiv reagierten, dachte ich nach. Wenn andere scheiterten, löste ich das Problem. Doch nun ließ mich mein Gehirn im Stich. Schlimmer noch, es verhöhnte mich, denn es schickte mir diese Gedanken, die so unlogisch waren. Wieso hatte ich diese Ideen? Woher kam der Impuls, das, was mir am liebsten war, zu zerstören? Waren wir so unglücklich gewesen? Ich drehte mich immer schneller im Kreis. Die Antwort musste um die nächste Windung liegen. Bestimmt. Wir einigten uns in jener Nacht darauf, uns und unserer Beziehung Zeit zu geben. Die Erschöpfung war so riesig, dass wir nur noch ins Bett wollten. Ausschalter drücken, schlafen – und hoffen, dass am nächsten Morgen alles anders ist. Vielleicht würden die nächsten Tage mehr Klarheit bringen, vielleicht würde sich das von mir angerichtete Beziehungschaos in Luft auflösen. Schließlich war morgen ein neuer Tag. Und dann kam übermorgen. Und überübermorgen.

Was für eine kindliche Vorstellung, zu hoffen, dass nach einer Nacht Schlaf alles besser wird. Es wurde nicht besser. Ich war auf einer Wendeltreppe und lief bergab. Die kommenden Tage bestanden aus unendlichen Grübeleien und den panischen Versuchen, wieder Ordnung in mein Denken zu bringen. Es gab immer wieder Momente, in denen ich glaubte, das Rätsel gelöst zu haben. Dann konnte ich einen Augenblick durchatmen. Wenn ich Ben ansah, kam das wichtigste aller Gefühle unvermittelt an: Ich liebte diesen Mann sehr, das war doch sonnenklar. Doch das Insekt war gnadenlos. Es kniff immer dann zu, wenn ich mich gerade beruhigt hatte.

Wenn sich jemand mit einem Hirnwurm infiziert hat, passiert etwas Schreckliches: Der Parasit drückt auf all die Drüsen im Gehirn, die für die Bereiche Angst und Schrecken zuständig sind. Die Befallenen schwimmen förmlich in ihrem eigenen Adrenalin und sind wie gelähmt. Um zu verstehen, warum das passiert, hilft ein Blick ins Tierreich. Wenn die Gazelle durch die Savanne läuft und einen hungrigen Löwen trifft, hat sie zwei Möglichkeiten: Sie kann kämpfen (nicht sehr klug, aber durchaus mutig) oder sie kann um ihr Leben rennen. Angreifen oder abhauen, das sind die Optionen der Gazelle. Interessanterweise werden in beiden Fällen die Stresshormone, die durch die plötzliche Bedrohung in ihrem Organismus ausgeschüttet wurden, abgebaut. Wer nach einem anstrengenden Arbeitstag auf einen Sandsack eindrischt oder kilometerweit joggt, kennt den Effekt. Stresshormone sind wichtig, um uns auf das, was kommen mag, vorzubereiten. Sie sind aber auch dazu konzipiert, wieder aus unseren Adern zu verschwinden. Ein Leben unter Dauerstrom ist kaum auszuhalten. Leider gibt es neben Kämpfen und Abhauen noch eine dritte Option, wie ein Lebewesen auf eine Gefahr reagieren kann: Es stellt sich tot. Im Fall der Gazelle wäre das mit Sicherheit die schlechteste aller Varianten. Während sie gefressen wird, hat sie die eigene Angst im Würgegriff und beschert ihr somit den fürchterlichsten aller denkbaren Tode.

Menschen, in deren Gefühlszentrum ein Ohrwurm haust, neigen genau zu jenem Verhalten. Sie erstarren. Wie soll man auch gegen einen Feind kämpfen, der im eigenen Kopf lebt? Wie soll man vor einer Bedrohung weglaufen, wenn das Denken nie aufhört? Das ist das größte Problem mit diesen Parasiten: Die Angst, die sie streuen, wird nie abgebaut und wächst innerhalb kurzer Zeit ins Unermessliche. Es gibt kein Innehalten, kein Durchatmen. Die Stresshormone fallen nie auf Normalniveau ab. Das angefressene Gehirn hat keine Möglichkeit, in Ruhe zu prüfen, ob die ganze Angst realistisch ist, ob das, was ihm der Ohrwurm einflüstert, überhaupt Sinn ergibt. Wer sich infiziert hat, der ist dazu verurteilt, sich tot zu stellen.

Ich konnte nicht mehr essen, ich konnte nicht mehr trinken, ich war einfach nur noch. Die Verweigerung der Nahrung war meine Art, der Welt zu sagen: Der Löwe steht direkt vor mir, und ich bin gelähmt. Ich weinte alle Tränen dieser Welt, während sich mein Denken im Kreis drehte. Der Ohrwurm wütete ohne Pause. Wenn mein Bewusstsein für einen Augenblick an etwas anderes dachte, hatte ich ein unterschwelliges Gefühl, etwas Wichtiges vergessen zu haben. Dann durchforstete ich meine Erinnerungen, bis mir wieder einfiel, warum ich so unendlich traurig war. Es war so, als hätte jemand den schlimmen Gedanken mit einem dieser Schwimmer versehen, wie er von Anglern benutzt wird. Er tauchte nie ab, sondern trieb weiter an der Oberfläche.

Es kam zu einem emotionalen Kurzschluss in meinem Gehirn. Meine Sorge musste real sein. Warum sonst sollte sie immer wiederkehren? Kann es sein, dass ich meinen Partner nicht mehr liebe? Müsste ich ihn dann nicht verlassen? Manchmal kapitulierte ich. Dann glaubte ich den Einflüsterungen des Parasiten. Ich ergab mich, hielt dem Löwen meine Kehle hin. Kleine Kinder schließen ihre Augen und summen vor sich hin, wenn sie das, was sie befürchten, nicht ausblenden können. Ich konnte mein Denken nicht abstellen.

Der Alltag war ein Spießrutenlauf. Das Grübeln wurde jedes Mal aufs Neue angestoßen, wenn ich Zeit mit meinem Freund verbrachte. Ich war innerlich zerrissen, wollte vor ihm weglaufen, um der Angst zu entkommen. Gleichzeitig wollte ich mich an ihn schmiegen, mich trösten lassen, mich von seiner Liebe heilen lassen. Ich wurde immer schneller, mein Versuch, der vermeintlichen Bedrohung zu entkommen, wurde immer aussichtsloser. Wenn ich Ben sah, musste ich meine Gefühle überprüfen. Der Ohrwurm nagte. Ich zweifelte und war verzweifelt. Jede Idee, die mir zu dem Thema durch den Kopf ging, war wichtig.

Ben merkte schnell, welche tragische Rolle er in meinem ganz persönlichen Drama spielte. Obwohl ich heute weiß, dass er zu dem Zeitpunkt noch keine Ahnung von dem Krankheitsmechanismus hatte, machte er intuitiv das Richtige: Er blieb. Wenn es Nacht wurde, hielt mein Gedankenkarussell für einen Moment an. Ich war so unendlich erschöpft. Der Schlaf war eine Erlösung. Doch dann kamen die Albträume. Ich versuchte auch nachts, mein Problem zu lösen. Noch vor dem ersten Tageslicht lag ich wach im Bett und weinte das Kopfkissen voll. Ben harrte an meiner Seite aus, obwohl das alles sehr erniedrigend gewesen sein muss. Ich weiß bis heute nicht, warum er nicht gegangen ist. Wäre die Situation umgekehrt gewesen, ich weiß nicht, ob ich die Kraft gehabt hätte, den Schwebezustand, in dem Ben damals war, auszuhalten. Vielleicht hatte er etwas verstanden, was mein Umfeld anfangs nicht erkannte: Ich war nicht liebesmüde. Ich war krank, sehr krank.

Nach zwei Wochen mit dem Ohrwurm kontaktierte ich Herrn Stur. Der arbeitete als Homöopath und Psychotherapeut. Ich hatte mich Jahre zuvor bereits einmal an ihn gewandt, da ich infektanfällig war. Damals hatte er mir mit seinen kleinen Kügelchen geholfen. Es erschien mir sehr naheliegend, ihn auch jetzt zu konsultieren. Stur hatte seine Praxis im Keller seines Achtzigerjahre-Fertighauses. Oben wohnte er mit seiner Vorstadtfamilie, unten empfing er Patienten. Ich fragte ihn irgendwann einmal, warum er nun daheim praktiziere. Früher hatte er nämlich eine Praxis in der Stadt. Er antwortete, die Miete wäre zu hoch – und so sei es auch viel praktischer.

Um in das Behandlungszimmer zu gelangen, musste man eine kleine, betonierte Gartentreppe hinabsteigen, und ums Haus laufen. An der Tür zur Einliegerwohnung hing ein Strohkranz mit einer verblichenen gelben Schleife. Herzlich Willkommen! Ich hoffte inständig, mich würde niemand erkennen. Am Nachbarhaus bewegten sich die Vorhänge.

Als ich dem Therapeuten gegenübersaß, wünschte ich, dass jetzt alles gut werden würde. Er begann unsere erste Sitzung mit den Worten: »Ich habe die Unterlagen der homöopathischen Behandlung durchgeblättert und da ist mir aufgefallen, dass bei Ihnen immer alles so toll war. Jetzt ist nicht mehr alles so toll. Das wundert mich nicht.« Das klang so, als habe er das Problem kommen sehen. Das war doch ein gutes Zeichen, oder? Ich öffnete mich. »Könnte es sein, dass ich meinen Partner nicht mehr liebe und ihn verlassen muss, Herr Stur?« Er glaubte es für den Moment nicht, bestand aber darauf, dass wir die Konflikte suchen müssten. Selbstverständlich könne es dann doch sein, dass wir uns trennen würden. Das müsse man abwarten. Abwarten? Ich konnte nicht warten. Ich ertrug die Unsicherheit nicht. Während sich mein Magen hob und sich mein Zittern verstärkte, startete Stur seine Forschungsreise in mein Gehirn.

Ich kam einmal die Woche zu ihm, setzte mich auf seine abgewetzte Couch, die wohl früher im Wohnzimmer der Familie gestanden hatte, und krallte mich an den hölzernen Armlehnen fest. Nein, bei Stur war nicht alles schlecht. Ein gesunder Mensch hätte vielleicht sogar von den Gesprächen profitiert. Das Problem war, dass der Therapeut mich nicht verstand. Er hörte nicht hin, erkannte nicht, wie sehr ich mich im Kreis drehte. Er wollte immer über die Vergangenheit sprechen. Nach seinem Empfinden lagen dort die Leichen, die es nun auszugraben galt. Mein Keller war eine psychoanalytische Fundgrube, randvoll mit verdrängten Erlebnissen. Stur stieß mich vor sich her, immer auf den Abgrund zu. Manchmal krallte ich mich mit dem letzten bisschen Verstand fest und baumelte über einer Schlucht. Ich hatte Todesangst. Das, so erklärte er mir, sei alles notwendig, um die ungelösten Probleme zu entlarven. Wenn die Sitzung vorbei war, fuhr ich ziellos durch die Gegend und dachte über mein Lebensende nach.

Beim vierten oder fünften Mal berichtete ich ihm, dass ich nicht mehr sicher sei, ob ich so weiterleben könne. Er riet mir zu einem Johanniskrautpräparat. Als ich ihm beim nächsten Gespräch sagte, dass ich Schwierigkeiten habe, mich morgens anzuziehen, wurde er wütend. Zu dem Zeitpunkt hatte ich bereits zehn Kilo Gewicht verloren.

Ich funktionierte nur noch in den Bereichen, in denen es auf eine Tarnung ankam. Da ich gerade den zweiten Teil meiner Lehrerausbildung an einem Gymnasium begonnen hatte, schleppte ich mich jeden Schultag dorthin. Ich saß wie versteinert im Klassensaal und tat so, als würde ich meinem Ausbildungsleiter zuhören, der vorne die Stunde hielt. Sobald das Klingelzeichen ertönte, schaltete ich den Autopiloten ein, fuhr nach Hause und legte mich ins Bett. Ich erzählte Herrn Stur von meinen Tagen. Das machte ihn wütend. Er packte das therapeutische Über-Ich aus und herrschte mich an, ich solle nun endlich mit dem Theater aufhören. »Reißen Sie sich am Riemen und richten Sie das auch Ihrem inneren Kind aus!« Ich tat, wie mir geheißen. Mein inneres Kind war zu dem Zeitpunkt aber schon tot.

Nach dieser Sitzung fuhr ich wieder einmal stundenlang über die Autobahnen der Umgebung und suchte hohe Brücken. Ich überlegte, wo ich gut anhalten konnte, ohne andere zu gefährden, welches Geländer sich problemlos überklettern ließe. Ich träumte vom freien Fall, von einem Moment, in dem alle Gedanken aufhören würden. Das war die schönste Vorstellung, die ich damals hatte. Ruhe. Nichts mehr hören, nichts mehr sehen, nichts mehr sagen, und vor allem nichts mehr fühlen. Denkende.

Mein Alltag lief weiter. Ich wurde zum Zombie. Ich weinte in den Schulpausen und manchmal auch im Unterricht, wenn ein Wort fiel, das meine Gedanken triggerte. Manchmal sah ein anderer Lehrer, wie ich mir die Tränen wegwischte. Wenn Robbie Williams irgendwo »And I feel that love is dead – I'm loving angels instead« sang, musste ich würgen. Einmal fuhr ich auf dem Weg zur Schule rechts auf den Randstreifen und übergab mich. Ich hatte zuvor ein Schild passiert, auf dem die Isolationsfirma »Isover« Werbung gemacht hatte. Isover, das erinnerte mich daran, dass mein Liebe und auch mein Leben »over« waren. Mir war klar, dass das Schild nicht von einer höheren Macht kam. Es stand einfach nur so in der Landschaft herum. Millionen Autofahrer hatten es passiert, ohne auch nur eine Sekunde an die englischen Wörtchen zu denken. Isover, isover. Doch dieses Schild beschrieb so treffend meine Empfindungen, dass mein Bewusstsein es gierig in die Liste der Dinge aufnahm, die mich daran erinnerten, dass ich meinen Partner möglicherweise nicht mehr liebte.
Mit Fortschreiten der Krankheit glaubte ich, verrückt zu werden. Und doch waren das immer meine Gedanken, die mein Gehirn produzierte. Manchmal sehnte ich mich nach einer Halluzination, um endlich einen Beweis dafür zu haben, dass ich keine Schuld an dem ganzen Schlamassel in meinem Kopf hatte. Ich besuchte Herrn Stur und sagte ihm, dass ich nicht mehr könne. Er gab mir ein paar homöopathische Kügelchen und vergaß dabei nicht, mich darauf aufmerksam zu machen, dass ich die Globuli gleich vor Ort und Stelle mit einem Euro bezahlen müsse. Den hatte ich nicht dabei. Er atmete tief ein und wieder aus. Dann meinte er, ausnahmsweise könne ich dann nächstes Mal bezahlen. Ich schulde ihm den Euro noch immer.

Nach diesem Termin gebar der Ohrwurm ein Junges. Zu der Idee, ich müsse meinen Partner verlassen, da ich ihn möglicherweise nicht mehr liebte, gesellte sich ein neuer Gedanke. Er war noch viel machtvoller. Er hätte mich beinahe vernichtet. Nun fragte ich mich, ob es sein könne, dass ich lesbisch sei. Binnen weniger Tage zog sich das Netz aus angstauslösenden Assoziationen um mich zu. Wenn ich auf der Straße eine Frau sah, begann es in meinem Kopf zu rasen. Ich konnte keine Dinge berühren, die eine weibliche Person vor mir angefasst hatte. Ich konnte meinen Freundinnen nicht mehr in die Augen schauen. Ich vermied alle Orte, an denen Frauen auftauchen konnten. Irgendwie hoffte ich, diese extremen Maßnahmen würden verhindern helfen, dass ich lesbisch werden würde. Ich ging nur noch raus, wenn es sich nicht vermeiden ließ. Immer in einen dicken Mantel gehüllt, mit einem langen Schal um den Hals, damit ich vor der Außenwelt geschützt war. Ich schaute niemandem in die Augen und versuchte, unsichtbar zu werden. Ich las keine Schilder, Aufschriften und Überschriften mehr. Alles machte mir Angst. Es gab nur noch einen Ort, der mir sicher erschien: die blaue Couch in unserer Wohnung.

Endlich, nach acht langen Wochen, schickte meine Seele Hilfe. Aus einer depressiven Verstimmung war eine schwere Depression geworden. Sie war wie eine große, schwarze Wolldecke, die sich um mich legte und mich in den Schlaf wiegte. Ich lebte nur noch unter der Decke, schlief den halben Tag, stand nur noch auf, um zur Toilette zu gehen. Das war nicht oft nötig.

Die Weihnachtsferien hatten begonnen. Die schulfreie Zeit kam wie gerufen. Ich hätte den täglichen Weg an meinen Arbeitsplatz sowieso nicht mehr geschafft. An Heiligabend fuhr ich mit letz-

ter Kraft zu meinen Eltern und legte mich auf das Sofa meiner Kindheit. Von dort aus starrte ich auf den Weihnachtsbaum. Rote Kugeln, Holzspielzeug, kleine Pilze. Die Tränen kullerten ohne Pause. Am ersten Weihnachtstag gestand ich meiner Mutter, dass ich mich möglicherweise in sie verliebt hatte.
Sie schaute mich entgeistert an. Ich konnte sehen, wie schwer es ihr fiel, Haltung zu bewahren. Das Ganze musste nicht nur absurd, sondern auch extrem verstörend für sie gewesen sein. Was war nur aus mir, ihrem funktionierenden Kind, geworden? Dass ich an Heiligabend beim Streicheln des Kaninchens meiner Schwester gedacht hatte, ich würde ihm versehentlich mit meiner Hand das Genick brechen, war im Vergleich zu meinen Inzestgedanken ein Klacks. Es ist nicht schwer, ein Haustier nicht mehr zu streicheln. Ich konnte meine Mutter aber nicht aus meinen Erinnerungen löschen und sie aus meinem Leben verbannen. Obwohl ich nicht darüber sprechen konnte, wusste ich damals sehr genau, dass ich so nicht leben wollte.
Ben war mittlerweile überzeugt davon, dass ich eine andere Hilfe brauchte, als die, die ich bisher bekommen hatte. Obwohl er täglich über hundert Kilometer an eine andere Universität fuhr, um dort für seine Doktorarbeit zu forschen, war er im Laufe der Wochen zu meinem wichtigsten Vertrauten im Kampf gegen den Ohrwurm geworden. Und gleichzeitig auch mein schlimmster Feind, denn jedes Mal, wenn ich ihn sah, schickte mir das Biest die schlimmen Gedanken. Einmal aß er eine Scheibe Brot. Die Art, wie er hineinbiss, war unerträglich. Der Gedanke löste eine neue Gefühlslawine aus. Ich drehte durch vor Angst. Während meiner letzten Sitzung bei Herrn Stur sagte ich, dass ich nicht mehr könne, dass ich mich frage, ob nicht die Zeit für ein echtes

Medikament gekommen sei. Er schüttelte den Kopf und meinte: »Wenn Sie das machen, dann verdecken Sie die Konflikte und machen unsere Arbeit zunichte.« Mit Arbeit meinte er die vielen frühkindlichen Episoden, die er hervorgezerrt hatte.
Heute weiß ich, dass all die vermeintlichen Traumata, die der Psychologe identifizierte, Futter für den Ohrwurm waren. Einmal hatte ich am Walkie-Talkie meiner besten Freundin die Antenne abgebrochen, ein anderes Mal hatte ich meine Eltern beim Sex erwischt. Meine ehemals glückliche Kindheit lag in Trümmern. Der letzte Rest an Selbstvertrauen und Selbstliebe war zerstört.
Anfang Januar überredete mich Ben zu einem Ausflug. Wir fuhren zu einem nahe gelegenen Hügel. Während einige Kinder im Hintergrund auf ihren Skiern den Hang hinunterrutschten, ließ ich mich in den Schnee fallen. Ich wäre so gerne weiter gefallen. Aber es ging nicht mehr bergab.
Am nächsten Morgen setzte ich mich in die Badewanne, griff nach einer Nagelschere und ritzte mir die Haut an den Handgelenken auf. Als mich später ein Oberarzt in der psychiatrischen Klinik fragte, ob ich dabei Erleichterung verspürt habe, schüttelte ich den Kopf. Negativ. Ich wollte nur wissen, ob ich es schaffte, mir die Pulsadern zu öffnen. Ja. Es war erstaunlich einfach, sich ins eigene Fleisch zu schneiden. Mein Leben war bedeutungslos geworden. Ich wollte, dass es endete.

Als ich mit aufgeritzten Handgelenken aus dem Bad kam, verlor Ben zum ersten Mal die Fassung. Elf Wochen nachdem ich ihm von meinem schlimmen Gedanken erzählt hatte, kapitulierte er. Er ging zu unserem gemeinsamen Schrank, riss eine Tasche heraus, und begann meine Sachen zu packen. Drei Unterhemden, drei Slips, zwei BHs, ein Nachthemd, Strümpfe, Jeans, Pullis, Shirts, Zahnbürste, Brille, Birkenstock-Hausschuhe, Fleecejacke. Dann griff er zum Telefon und rief meine Eltern an. »Ich gebe die Verantwortung jetzt ab, ich kann nicht mehr.« Er half mir in den Mantel, nahm mich an der Hand und zog mich die Treppe herunter, hinaus in die Winterkälte. Dort öffnete er die Beifahrertür des Autos, ich ließ mich auf den Sitz fallen, er schnallte mich an, warf die Tasche in den Kofferraum und wir fuhren los.

Daheim stand meine Mutter schon in der Tür. Sie trug ihre Winterjacke. Ich wollte in mein Elternhaus, wollte mich dort auf das Sofa legen, wollte mein Gehirn abschalten, doch man ließ mich nicht. Meine Mutter bugsierte mich zu ihrem Auto. Mein Vater, der bis dato immer die Augenbrauen hochgezogen hatte, wenn

Leute in seiner Umgebung von Psychopharmaka geredet hatten, legte seinen Arm um mich und sagte: »Du brauchst dringend Hilfe.« Die ganze Zeit über redeten meine Eltern auf mich ein, erzählten davon, dass etwas passieren müsse, dass Herr Stur mir nicht gutgetan habe, dass ich sehr krank sei. Ich weinte still vor mich hin. Mein Vater brachte die gepackte Tasche, um sie ebenfalls in den Wagen zu legen. Ich bäumte mich ein letztes Mal auf und versuchte, die Tasche wieder aus dem Kofferraum zu holen. Vergeblich. Ich war entmündigt. Eigentlich war ich dankbar dafür. Es fühlte sich gut an. Ben raste davon. Schneller, als nötig, aber ich verstand.

Meine Mutter fuhr mit mir in die nahe gelegene Universitätsklinik. Es war später Nachmittag, draußen war es bereits dunkel. Das Auto rollte im Schritttempo über den großen Campus. Ganz hinten links, am Ende des Areals, stand der riesige Betonklotz. Klinik für Psychiatrie und Psychotherapie. Derjenige, der das Gebäude geplant hatte, war entweder ein schlechter Architekt oder man hatte ihn damals, Anfang der Siebzigerjahre, nicht informiert, welchen Zweck der Bau später erfüllen sollte. Das war kein Ort, an dem eine kranke Seele gesund werden konnte. Ich fürchtete mich. Doch meine Mutter ließ sich nicht beirren. Sie parkte den Wagen, bat mich, auszusteigen, griff nach der Tasche, hakte sich mit dem anderen Arm bei mir ein. Dann führte sie mich die Rampe zum Haupteingang hoch.

Ich weiß nicht, was ich erwartet hatte. Jedenfalls wurde das Bild, das ich mir von diesem Ort gemacht hatte, nicht bestätigt. Wir sahen keine Patienten, keine Ärzte, keine Zwangsjacken, keine Gurte. Die Eingangshalle lag wie ausgestorben da. Alles war grau. Sichtbetonwände, hässliche Platten und Linoleum auf dem Boden,

Neonröhren an der Decke. Neben einer verwaisten Sitzgruppe standen große Pflanzgefäße. Die Gummibäume, die eigentlich aus den Tropen stammen, waren im Laufe der Zeit bis zur Decke gewachsen. Sie suchten dort verzweifelt nach einem Ausweg, nach der Sonne, nach einem besseren Leben. Ihre Blätter waren verstaubt. Sie sahen traurig aus. Das wunderte mich nicht.
Meine Mutter brachte mich zum Empfang. Ich kannte den Mann, der dort am Computer saß. Seltsamerweise erschrak ich nicht darüber. Es war mir egal. Ich war jahrelang mit ihm zur Grundschule gegangen. Er blickte mich wortlos an. Ich konnte in seinen Augen sehen, dass er sich an mich erinnerte. Meine Mutter schien sich ebenfalls an ihn zu erinnern. Ihre Stimme zitterte, als sie in kurzen Sätzen beschrieb, warum wir hier waren. Er blieb professionell, hörte sich alles an. Dann nickte er mir mit sorgenvollem, aber dennoch zuversichtlichem Blick zu. Er rief die diensthabende Ärztin an. Ich habe mich in all den Jahren seitdem immer wieder gefragt, ob ihm das öfter passiert ist, dass jemand aus seinem Umfeld plötzlich als Patient vor ihm stand.
Wir setzten uns auf eine Plastikbank, die vor einem dieser Untersuchungsräume stand, die seltsamerweise auf einer Seite verglast sind. Die Vorhänge waren zugezogen. Ich sank in mich zusammen und versuchte, mich auszuschalten. Es funktionierte nicht. Meine Mutter legte ihren Arm um mich. Sie sah sehr besorgt aus, versuchte aber, stark zu sein. Warum stellte man genau an diese Stelle eine Bank und keine Stühle? Vielleicht, weil vor mir hier schon unzählige andere Menschen gesessen hatten, die es ohne ihre Angehörigen nicht hierher geschafft hätten.
Ich hörte sie schon, bevor ich sie sah. Ihre weißen Schuhe quietschten auf dem Boden. Sie war ungefähr in meinem Alter,

ihr Arztkittel öffnete sich und wehte leicht, als sie auf uns zulief. Frau Berger, die Assistenzärztin, hatte kurze blonde Haare und einen wachen Blick. Sie begrüßte uns und führte uns in das kleine Kabuff. Dort bat sie mich, einfach zu erzählen. Mir wäre es lieber gewesen, wenn meine Mutter geredet hätte. Aber die Ärztin wollte, dass ich sprach. Also versuchte ich, ihr das, was ich nicht begreifen konnte, zu erzählen. Ich sprach sehr leise, meine Augen waren zu Boden gerichtet. Ich weinte, ohne zu schluchzen. Die Tränen liefen so selbstverständlich, als würde es sich um Atemzüge handeln, die wir alle automatisch ausführen. Ich begann am Anfang, erwähnte den schlimmen Gedanken, der sich auf meinen Freund bezog, spielte ihn aber herunter, da ich mich schämte. Ich brachte es auf eine verständlichere, nachvollziehbarere Formel: »Ich fühle nichts mehr, ich bin innerlich wie tot.« Ich erwähnte den Gewichtsverlust und das viele Schlafen, erzählte von meinem Therapieversuch und den Brückengeländern. Dann zeigte ich ihr meine Handgelenke. Dort sah man fast nichts mehr, aber das spielte für Frau Berger keine Rolle. Am Schluss nahm ich alle Kraft zusammen und gestand, dass ich fürchtete, lesbisch zu sein. Die Ärztin zuckte nicht zusammen. Dann teilte sie uns mit, was sie vermutete: »Im Moment spricht vieles für eine schwere Depression.« Ich nickte, so weit war ich auch schon gewesen. Frau Berger fügte an, solche Gedanken, wie der in Bezug auf meine sexuelle Orientierung seien nicht ungewöhnlich bei dieser Diagnose. Das überraschte mich, denn bis dato hatte ich es nicht für möglich gehalten, dass es auch andere Menschen geben könnte, denen solche Ideen durch den Kopf gingen.
Klassischerweise wurden Menschen nach einem schlimmen Erlebnis depressiv. Sie reagierten auf etwas, was ihre Seele nicht verar-

beiten konnte. Da bei mir ein solcher Auslöser zu fehlen schien, vermutete sie, dass ich an einer sogenannten endogenen Depression leiden würde. Mit anderen Worten: Mein Hirnstoffwechsel hatte sich ohne konkreten Anlass verändert. Das, so erklärte sie uns, passiere leider in manchen Fällen. Ob es denn andere seelische Erkrankungen in der Familie gebe? Die gab es. Meine Mutter war Jahre zuvor wegen einer Angsterkrankung in einer psychosomatischen Kurklinik behandelt worden. Meine Großmutter hatte ihr Leben lang an Depressionen gelitten und von meiner Ururgroßmutter erzählte man sich, sie sei eine Zeit lang in der Psychiatrie gewesen. Ich war definitiv erblich vorbelastet. Frau Berger machte nun einen Vorschlag: »Schlafen Sie doch heute Nacht bei uns, wir schauen uns mal an, wie es Ihnen geht.« Ich wollte das auf keinen Fall, doch meine Mutter bestand darauf. Eine Nacht, das konnte doch nicht so schlimm sein, oder? Da ich aus freien Stücken gekommen war und trotz allem relativ gut berichten konnte, was mit mir geschehen war, schlug die Ärztin die Unterbringung auf einer offenen Station auf. In dem Moment wurde mir klar, dass ich mich wenige Augenblicke zuvor selbst gerettet hatte. Hätte ich darauf bestanden, wieder nach Hause zu gehen, wäre ich mit Sicherheit in die geschlossene Abteilung gekommen.
Ich versuchte nun, nicht mehr zu denken. Die Ärztin rief auf der Station an, dann öffnete sie einen Medikamentenschrank und holte eine kleine weiße Tablette heraus. »Nehmen Sie das, es wird Ihnen für den Moment helfen.« Sie legte mir die kleine Scheibe auf die Zunge. Dort löste sich das Medikament selbst auf. Auf das, was dann kam, war ich nicht vorbereitet. Einige Augenblicke später spürte ich nämlich nichts mehr. Die Gedanken rasten – und es war mir egal.

Wir liefen gemeinsam zum Aufzug. Meine Füße hoben sich von selbst. Ich schwankte nicht, mir war nicht schwindelig, ich war wie eine Maschine. Die Ärztin drückte den Knopf mit der Nummer vier, die Lifttür schloss sich leise. Wir schwebten nach oben, das Licht an der Decke flackerte. Als sich die Türen wieder öffneten, sah ich auf einen langen weißen Flur mit vielen grünen Türen. An der Wand stand der Name der Station: »Johann Christian Reil«. Das war, wie ich später erfuhr, der Name eines berühmten Psychiaters aus dem 18. Jahrhundert. Ein Pfleger im Alter meines Vaters begrüßte mich. Er lächelte mir zu, führte mich in eines der vielen Zimmer. Dort stand nur ein Krankenhausbett, obwohl Platz für zwei gewesen wäre. Ein Tisch, zwei Stühle, Waschbecken, hölzerner Einbauschrank, kein Fernsehgerät, keine Fenstergriffe, aber sonst alles wie in einem normalen Krankenhaus. Der Pfleger hieß Müller und erklärte mir, wo sich die Toiletten und die Duschen befanden. Dann ging er. Meine Mutter unterhielt sich draußen noch mit Frau Berger. Dann ging die Ärztin. Meine Mutter kam ins Zimmer. Sie sah sehr müde aus. Sie nahm mich in den Arm und schlug mir vor, mich schlafen zu legen. Ich nickte. Dann verließ sie mich.
Nun war ich alleine. Ich zog meinen Mantel aus, und setzte mich auf das Bett. Das Leintuch war gestärkt und knisterte. Müller klopfte kurz an, und wartete nicht auf ein Herein. Er kam ins Zimmer und stellte ein Tablett mit dem Abendessen ab. Dann lief er erneut weg, um mit einer Nierenschale voller Laborröhrchen zurückzukommen. Er füllte etliche Ampullen mit meinem Blut. Es hätte mich nicht gewundert, wenn es schwarz gewesen wäre, aber es war dunkelrot. Dann überprüfte er noch meinen Blutdruck und notierte die Werte in einer Akte. Oben stand

mein Name. Ich war nun ein Fall innerhalb der psychiatrischen Klinik. Dann wünschte Müller mir eine gute Nacht und vergaß nicht, mir zu sagen, dass er für mich da wäre, wenn ich etwas bräuchte. »Wissen Sie, ich habe eine Tochter, die ist in Ihrem Alter. Sie erinnern mich ein wenig an sie.«
Er schloss die Tür hinter sich und die Welt blieb stehen. Ich war endlich in Sicherheit. Mein Leben, meine Liebe, mein Beruf, die anderen Menschen, all das war nicht in diesem Zimmer. Es war mir egal, was meine Ausbilder morgen, wenn die Schule wieder anfangen würde, sagen würden. Es war mir egal, ob der Bekannte am Empfang in seinem Umfeld damit prahlen würde, dass er mich gesehen habe und dass ich verrückt geworden sei. Es war mir egal, wo die Toiletten waren und was sich unter dem Deckel auf dem Essenstablett befand. Ich löschte das Licht, kroch unter die Bettdecke und fiel in einen tiefen Schlaf, der endlos hätte dauern dürfen.
Am nächsten Morgen war die Unruhe zurück. Ich hörte alle Geräusche, das Pingen des Aufzugs, Türen, Schritte auf dem Flur. Im Nachbarzimmer weinte jemand, Geschirr klapperte. Meine Gedanken rasten. Großer Gott, ich war in der Klapsmühle. Ich zwang mich aufzustehen. Dann klaubte ich meine Waschsachen zusammen und lief in Richtung Duschen. Ich stand unter dem heißen Strahl und versuchte, ruhig zu werden. Später trocknete ich mich mit einem orangefarbenen Handtuch ab, das meine Mutter vor unserer Abreise noch heimlich in meine Tasche gesteckt hatte. Dann schlurfte ich zurück in mein kleines Asyl. Ich versuchte, alle Eindrücke auszublenden, doch es gelang mir nicht. Manche Zimmertüren waren geöffnet, ich sah die anderen Patienten. Keine Ahnung, was ich erwartet hatte, aber das

waren normale Leute. Alte Menschen, junge Menschen, schöne Menschen, hässliche Menschen, groß, klein, dick, dünn. Manche guckten neugierig in meine Richtung, andere waren in ihrer eigenen Welt. Weiß gekleidete Schwestern und Pfleger liefen auf den Fluren umher. Sie nickten mir zu, und ich schämte mich. Wisst ihr, dass ich gerade mein Studium mit Bestnote absolviert habe? Glaubt ihr mir, wenn ich euch sage, dass mein Leben im Herbst noch ganz normal war? Ahnt ihr, wie entwürdigend das gerade für mich ist?

Das Frühstück kam. Ich aß ein halbes Brötchen. Dann putzte ich mir die Zähne. Ich wollte auf keinen Fall, dass jemand dachte, ich wäre freiwillig hier oder gerne so krank. Seht alle her! Ich kämpfe gegen das, was mir gerade passiert an. Ich pflege mich, auch wenn ich lieber sterben würde. Ich mache mit bei eurem Programm, denn alles ist besser, als das, was ich gerade erlebe.

Gegen acht Uhr veränderten sich die Geräusche vor der Tür. Das Scheppern hatte aufgehört, die Patienten waren weg. Alle paar Minuten öffnete sich eine Tür und viele Menschen liefen in einen Raum. Etwas später kamen sie wieder heraus. Nächste Tür. Ein Wägelchen quietschte. Die Geräusche kamen näher. Nun standen viele Leute vor meiner Tür. Sie unterhielten sich leise über den Neuzugang. Das war ich. Ich war ein Neuzugang. Dann ertönte das kurze Klopfen und die Tür flog auf. Es rauschten ungefähr zehn Personen in mein Zimmer. Alle trugen Weiß, alle schauten auf mich herab.

Eine Visite ist ein entwürdigendes Ritual. Der Patient muss schweigen. Erst reden die Eindringlinge. Der Patient ist halb nackt, denn er trägt nur einen Schlafanzug, oder – so wie ich – eine Yogahose und ein Shirt, während die anderen eine Uniform anhaben. Der Patient liegt oder sitzt im Bett, während die Fremden stehen. Der Patient ist ein Ding, während die anderen über in reden, als wäre er nicht da. »Wie geht es Ihnen?«, fragte ein mir fremder Arzt. Ich war mir nicht sicher, ob Zeit für eine umfassende Antwort war. Deswegen entschied ich mich für ein leises »etwas besser«. Ich konnte es in den Gesichtern der Ärzte und Schwestern sehen, dass man es mir hoch anrechnete, dass ich versuchte, mitzumachen. Der neue Doktor stellte sich als Oberarzt Calanda vor. Er wolle später noch länger mit mir reden, müsse nun aber weiter, die Visite, ich verstehe ja, wie das sei. Ich verstand. Als ich das Zimmer wieder für mich hatte, wurde mir klar, dass ich heute nicht nach Hause gehen würde. Auch nicht morgen oder übermorgen. Seltsamerweise war das ein tröstlicher Gedanke.

An jenem Morgen erhielt ich die erste Tablette des Antidepressivums, das man für mich ausgesucht hatte. Es war ein selektiver Serotoninwiederaufnahmehemmer, ein sogenannter SSRI, ein Medikament der neuesten Generation. Ich schluckte die kleine Pille und weinte. Mit der Medizin erhielt ich nämlich auch die Information, dass es circa zwei Wochen dauern würde, bis man abschätzen konnte, ob das die richtige Hilfe für mich sei. Man hatte mir versichert, ich könne bei Bedarf auch wieder ein Beruhigungsmittel bekommen. Nun war der Moment für eine Scheißegal-Tablette gekommen.

Am späten Vormittag wurde ich in Calandas Büro bestellt. Frau Berger war auch da. Sie sah müde aus. Ob sie die ganze Nacht gearbeitet hatte? Die Ärztin wiederholte konzentriert meine Angaben vom Vorabend. Calanda sagte, in meinem Fall könne man die Diagnose fast blind stellen. Ich sähe so dermaßen depressiv aus, dass der Fall eigentlich klar sei. Als er meine Arme auf ältere Narben und Schnittspuren kontrolliert hatte, war er zufrieden. Nein, ich war kein Borderline-Mädchen, das sich immerzu selbst verletzen musste.

Ich erzählte von meinen quälenden Gedanken, von der Sache mit der Beziehung, der Angst vor der Homosexualität. Calanda nickte. Alles typisch. Leider fragte er nicht nach, was zuerst da gewesen war. Für ihn waren meine Gedanken eine Folge der Depression. Heute weiß ich, dass es umgekehrt war. Ich schätze, es war Pech, dass niemand auf die Idee kam, noch in eine andere Richtung zu denken. Andererseits war ich, salopp formuliert, ein »Totalschaden«. Da blieb keine Zeit für diagnostische Feinheiten. Ich war gegen die Wand gefahren und jetzt galt es, mich wieder ins Rollen zu bringen. Feintuning war nicht das Hauptanliegen der Akutpsychiatrie.

Der Stationsalltag begann. Frau Berger hatte für mich ein Programm ausgearbeitet, durch das ich den Tag über beschäftigt war. Ich glaube, ich hatte mehr Termine als Gerhard Schröder, der damals Bundeskanzler war. Nach der Morgentoilette und dem Frühstück (»Die Patienten müssen sich das Tablett eigentlich selbst holen und wieder wegtragen.«) kam mein Medikament. Dann ging es ab in die zweite Etage. Ich strampelte eine halbe Stunde auf einem Ergotrainer. Als das Pensum absolviert war, zeichnete eine Angestellte mein Laufkärtchen ab. Weiter in die Bäderabteilung. Dort arbeitete eine Spätaussiedlerin aus Russland. Sie hieß Ludmilla und sah auch so aus. Sie war für die Massagen und Fangopackungen zuständig. Für sie war das ein Job wie jeder andere auch. Es war ihr vollkommen egal, wen sie gerade durchknetete. Meinen Rücken kannte sie schon nach wenigen Tagen gut, denn ich durfte mich jeden Tag auf ihre Liege legen. Sie fragte nie, warum ich da war. Vielleicht hatte sie auch eine Sichtdiagnose gestellt.
Dann kam eine kurze Pause. Vor dem Mittagessen ging es zurück zu Ludmilla. Ich bekam von ihr Fangopackungen. Erst

breitete die Russlanddeutsche weiße, vorgewärmte Laken auf einer Liege aus. Dann brachte sie eine heiße Lehmplatte, auf die ich mich mit nacktem Rücken legen musste. Nun packte Ludmilla mich bis zur Nasenspitze in die Tücher ein. Die Wärme breitete sich in den nächsten Minuten in meinem Kokon aus. Es war so, als wäre ich wieder in den Bauch meiner Mutter zurückgekrochen.

Obwohl mich das Antidepressivum eigentlich aktivieren sollte, schaffte ich es nicht bis zum Abend. Nach dem Mittagessen, das ich zu Beginn meines Psychiatrieaufenthalts oft unangetastet zum Tablettwagen zurücktrug, war ich so erschöpft, dass ich eine Stunde schlafen musste. Nachmittags ging es zum dritten Mal zu Ludmilla. Sie bereitete mit routinierten Händen Entspannungsbäder. Ich musste immer in Melissenextrakt liegen. Ich kann diesen Geruch auch heute noch kaum ertragen. Wenn ich Melisse rieche, habe ich Flashbacks. Dann dümple ich wieder in dieser Edelstahlwanne von damals. In der Bäderabeilung der Psychiatrie gab es keine Türen, sondern nur Tücher, die Ludmilla achtlos zugezogen hatte. Im Nachbarbereich schrumpelte eine andere arme Seele in der Melissenbrühe. Ich trieb in der tiefen Wanne. Heute nennt man das »Floaten«, was gleich viel cooler klingt. Mein Hintern schwebte im Wasser, mein Kopf hing in einem dieser Kissen, die mit Saugnäpfen festgemacht werden. Ich versuchte, mich zu entspannen, aber die Gedanken rasten. Ich hasste die Entspannungsbäder. Hätte ich wenigstens einen Badeanzug angehabt, hätte ich mich weniger verletzlich gefühlt. Nach zwanzig Minuten klingelte die Eieruhr. Nun konnte ich endlich aus dem Wasser. Dann kam noch das Kneippen. Das war sehr bizarr. Alle Patienten, die ich in der Psychiatrie ken-

nenlernte, mussten durch ein Kaltwasserbecken waten. Es gab keine Anleitung, ich verstand nicht, wozu das gut sein sollte. Ich fühlte mich wie ein Kranich an der Ostsee. Heute glaube ich, es ging dabei nicht um das Wasser. Es war einfach nur ein weiterer Programmpunkt, der uns dabei helfen sollte, wieder etwas Struktur in unsere derangierten Leben zu bringen.
Mehrmals pro Woche traf ich mich mit einer Depressionsgruppe. Wir übten eine Entspannungstechnik: Relaxive Muskelentspannung nach Jacobson. Der Programmpunkt tat mir gut, ich konnte mich unter Anleitung einer jungen Psychologin für einen Augenblick fallen lassen. Ich mochte meine Mitentspanner. Das waren alles Leute so wie ich. Wir waren hier in der Klinik die Schlurfer. Alle bleich und mit Ringen unter den Augen. Wir weinten grundlos. Wenn wir liefen, dann hingen unsere Schultern bis zum Boden. Wir konnten unsere Füße kaum heben, da wir Gewichte in den Sohlen hatten. Wir trugen Furchen im Gesicht, obwohl viele von uns noch keine dreißig waren. Wir taten so, als würden wir aufmerksam zuhören. In Wirklichkeit waren unsere Gedanken aber Lichtjahre entfernt in einer anderen Galaxie unterwegs.
Die Ergotherapie war mein tägliches Highlight. Alle, die auf unserer Station eine Verordnung für die sogenannte »Ergo« hatten, trafen sich nachmittags am Aufzug. Dort holte uns ein Therapeut ab, der mich an einen Jugendarbeiter erinnerte. Wir wurden durch Gänge und an der Suchtstation vorbei zu den Werkstätten geführt. Viele Türen waren verriegelt und mussten erst mit Sicherheitsschlüsseln geöffnet werden. Manchmal war eine Gruppe aus der geschlossenen Abteilung vor uns in den Bastelräumen. Dann mussten wir vor der Werkstatt warten bis

die armen Seelen, die man vor sich selbst schützen musste, über einen separaten Weg hinausgeschleust worden waren. Erst dann konnten wir hinein.

Ich arbeitete mit Speckstein, feilte minutenlang an einer Struktur herum, ohne ein Wort zu sagen. Obwohl man nicht nicht denken kann, dachte ich nicht, während meine Finger arbeiteten. Die Therapeuten mochten mich, weil ich so selbstständig war. Ich sagte nicht: »Ich weiß nicht, was ich heute machen soll.« Ich machte einfach. Ich sägte Holz aus und baute Kinderspielzeug. Eine kleine Ente, die man hinter sich herziehen konnte, ein Mobile, das genau über ein Babybettchen passte. Ich weinte still um das Kind, dass ich nie bekommen würde. Die Tränen tropften auf den abgenutzten Arbeitstisch. Dieser Programmpunkt in meinem Leben fiel wohl aus. Wer wollte schon eine Frau, die so war wie ich? Wer brauchte schon eine Mama, die so dachte wie ich?

Die Ergotherapeuten kannten meine Akte. Manchmal versuchte ich, mich normal mit ihnen zu unterhalten. Aber es wollte einfach nicht gelingen. Ich trug meine Basteleien hoch in mein Zimmer und hoffte inständig, es würde mich niemand bei der Visite fragen, warum ich Kindersachen herstellte. All die Therapeuten, Pflegenden und Ärzte tauschten sich aus. Sie brachten sich gegenseitig auf den neuesten Stand. Es dauerte nicht lange, und ich durfte zwei Mal täglich in die Ergo. Eigentlich wäre ich am liebsten ganz in diese kleine Werkstatt eingezogen.

Meine Tage waren trotz der verordneten Geschäftigkeit eintönig. Wenn mein Laufzettel nachmittags voll war, wartete ich auf Besuch. Wenn Ben kam, kämpfte ich mit meinen Dämonen, wenn meine Mutter neben mir saß, versuchte ich, ebenfalls stark zu sein. Wer will schon ein Kind, das mit 25 Jahren wieder zum

Pflegefall wird? Ich konnte den Kummer in ihren Augen sehen, wusste, dass sie wegen mir Herzprobleme hatte. Mein Vater besuchte mich in der ganzen Zeit, in der ich stationär behandelt wurde, nur ein Mal. Ich solle ihm das nicht übel nehmen, aber es falle ihm unbeschreiblich schwer, an diesen Ort zu kommen, entschuldigte er sich. Ich verstand.

Am schwierigsten war es, meine kleine Schwester zu empfangen. Sie wagte sich einige Male zu mir. Bei ihr konnte ich nicht schauspielern, es ging einfach nicht. Sie sah mich an und blickte in meine Abgründe. Eines Tages brachte sie mir Gummi-Apfelringe mit. Unter normalen Umständen hätte ich die Tüte innerhalb kürzester Zeit geleert. Doch dieses Mal war alles anders. Die Fruchtgummis blieben so lange in der Packung, bis das Haltbarkeitsdatum abgelaufen war.

Nach ein paar Tagen gab es eine Programmänderung. Ich sollte nicht in die Bäderabteilung, sondern in die Radiologie. Die Ärzte wollten sichergehen, dass nicht irgendein Hirntumor meine Stimmungsänderung hervorgerufen hatte. Als man mich in den Tomografen schob, wurde ich panisch. Es war nicht die Enge, es war nicht der ohrenbetäubende Lärm. Es war auch nicht der Fixateur, in den mein Kopf eingespannt war. Nein, es war der Ohrwurm. Er wurde unruhig und wandt sich. Mein Gehirn addierte zu meinen alten Problemen ein neues hinzu: Was wäre, wenn sich nun herausstellte, dass ich Krebs hatte? Als ich in der Röhre lag, wollte ich wieder sterben.

Doch ich lebte weiter. Der Befund war negativ. Leider hatte niemand das Biest gesehen. Ich weiß bis heute nicht, wo er sich in jenem Moment versteckt hatte, als mein Gehirn scheibchenweise untersucht worden war.

Im Laufe meines Aufenthalts machte ich bei einer psychologischen Testreihe mit. Die Studenten, die das Experiment leiteten, wollten herausfinden, ob meine Reflexe durch die Depression verzögert waren. Ich drückte auf Knöpfchen, wenn ich ein Leuchtsignal sah. Das Ergebnis passte zur Diagnose. Laut Auswertung war ich so langsam wie eine Schnecke. Der Schein trog. In meinem Kopf rasten die Gedanken nach wie vor im Kreis. Was wäre, wenn? Könnte es sein, dass? Es gab keine Pause, der Ohrwurm fraß sich durch mein Hirn und schmatzte.

In der zweiten Woche begann das Medikament zu wirken. Das Beruhigungsmittel brauchte ich nun immer seltener. Ein Teil von mir wollte immer noch funktionieren und war stolz, dass ich nur noch ab und zu zum Schwesternzimmer lief, um den Tranquilizer zu verlangen. Meine Mutter sagte, man könne es auch an meinem Gang sehen. Ich hielte mich wieder aufrechter. Die Depression war auf dem Rückzug. In der Visite sagte Calanda: »Sie gehen an wie ein Licht.« Ich wünschte, es wäre länger dunkel geblieben. Denn nun, da die Decke weggezogen wurde, übernahmen die donnernden Gedanken wieder das Zepter. Ich hatte Angst vor allen Schwestern und Mitpatientinnen. Die irrationale Furcht, lesbisch zu sein, schreckte vor fast nichts zurück. Wenn Frau Berger neben mir stand, überprüfte ich meine Gefühle und fragte mich, ob ich sie attraktiv finden würde. Wenn mich meine Mutter besuchte, vermied ich es, sie zu berühren. Der Ohrwurm zwang mir all das auf. Das Schlimmste, was ich mir vorstellen konnte, war es, lesbisch zu werden. Das Zweitschlimmste, was ich mir vorstellen konnte, war eine Trennung von Ben.

Apropos Ben. Der kam jeden zweiten Tag. Ich glaube, es ging ihm besser, seit ich nicht mehr daheim war. Wenn er mich besuchte, stieg die Angst vor den Gedanken ins Unermessliche. Ich wollte ihn so gerne lieben, ich wollte nicht darüber nachdenken. Der Ohrwurm lachte. Es war jedes Mal dasselbe: Die Fahrstuhltür öffnete sich und Ben stand vor mir. Ich kontrollierte meine Reaktionen, registrierte alle Veränderungen. Freute ich mich gerade? Falls ich mich nicht freute, was hatte das dann zu bedeuten?

Der Mann vor mir war großartig. Er akzeptierte mich so, wie ich gerade war. Ich durfte den Rhythmus vorgeben. Wir gingen spazieren, wenn ich das wollte, wir redeten, wenn ich das brauchte. Manchmal weinten wir zusammen. Einmal traf Ben einen anderen Patienten, den er von früher kannte. Der Fremde wäre am liebsten vor Scham im Erdboden versunken. Ben spürte das und sagte im Vorbeigehen: »Ich besuche meine Freundin, sie ist auch Patientin hier.« Das schien zu helfen.

Das Antidepressivum sorgte dafür, dass meine Abstürze nicht mehr so tief waren. Ich fiel immer noch andauernd, aber irgendwann kam ein Sicherheitsnetz. Das half. Ich wusste immer noch nicht genau, woran ich litt. Meinen Ausbildern hatte Ben etwas von einer Stoffwechselerkrankung erzählt. Das war rein biochemisch betrachtet nicht falsch. In den synaptischen Spalten meines Gehirns fehlte der wichtige Botenstoff Serotonin.

Doch was war vor der Depression? Ich hatte zu dem Zeitpunkt das Gefühl, dass das eine sehr wichtige Frage war. Also meldete ich mich an einem Tag beim Schwesternzimmer ab und ging zur Unibibliothek, die einige hundert Meter neben der Klinik lag. Ich setzte mich in das Zimmer, in dem die psychiatrische Fachliteratur stand. Dann begann ich alles zu lesen, was mir zum Thema »Endogene Depression« in die Finger kam. Die erste Ernüchterung kam, als ich immer wieder feststellen musste, dass dieser Begriff veraltet war. Es glaubte eigentlich kaum jemand mehr daran, dass eine Depression aus dem Nichts entstehen konnte. Am wenigsten ich selbst. Auf die Ernüchterung folgte die Angst. Wenn es das, was mir gerade widerfuhr, eigentlich nicht gab, dann musste meine Situation ausweglos sein. Ich wusste, dass der Ohrwurm eine zentrale Rolle spielte. Doch kreisende Gedanken schienen geradezu typisch für Depressionen zu sein. Ich hatte keine Ahnung, wo und nach was ich Ausschau halten sollte. Der Ausflug wurde zum Horrortrip. Nach stundenlangem Suchen nach Antworten, die es nicht gab, stolperte ich in mein Krankenzimmer zurück und weinte vor Erschöpfung und vor allem vor Wut.

Zur gleichen Zeit bekam ich eine Mitbewohnerin. Sie hieß Ursula und war nur einen Meter vierzig groß. Die Kleinwüchsige war wenige Tage zuvor aus dem ersten Stock ihres Wohnhauses gesprungen, war jedoch unverletzt geblieben. Man hatte sie aber nach dem Vorfall in die Geschlossene gebracht. Nun durfte sie den nächsten Schritt in Richtung Genesung gehen und in die Offene wechseln. Sie betrat mein Zimmer, kletterte auf das frisch bezogene zweite Bett, das nun dort stand, legte sich auf den Rücken und starrte zur Decke. Später kam ihr ebenfalls klein gewachsener Ehemann und räumte ihre Habseligkeiten in ihre Seite des Einbauschranks. Er erinnerte mich an Ben. Die Männer, die zu uns Frauen gehörten, mussten sehr stark sein. Wir sahen durch sie durch, wir konnten dem, was sie uns mitteilten, kaum folgen.

Ursula erzählte mir Tage später, warum sie sterben wollte. »Ich kann nicht mehr so klein sein.« Das konnte ich gut nachvollziehen. Ich erwiderte »Und ich will nicht mehr so denken.« Dann schwiegen wir. Das war ein tröstlicher Moment.

Ich hatte mittlerweile die Erfahrung gemacht, dass Reden sinnlos war. Zwei Mal pro Woche durfte ich auf Anweisung Frau Stark, der Stationspsychologin, mein Herz ausschütten. Sie war ebenfalls in meinem Alter, sah aber um Welten jünger aus. Ihre schwarzen, langen Haare glänzten, ihr Make-up war perfekt. Ich hätte gerade in diesem Moment auch eine gepflegte Lehramtsanwärterin sein können, die sich Gedanken über die kommende Frühjahrsmode machte. Der Ohrwurm war aber dagegen. Er hatte andere Pläne für mich. Ich versuchte, Frau Stark mit dem Biest bekannt zu machen. Das hätte ich mir aber sparen können. Sie verstand seine Sprache nicht. Der Ohrwurm sucht sich seine Opfer nur auf den ersten Blick wahllos aus. Wenn man aber genau aufpasst, dann merkt man, dass immer die Menschen angefallen werden, die sensibel und offen für ihn sind.

Frau Stark war vor dem Parasiten definitiv in Sicherheit. Das Biest hätte sich an ihrem Schädel die Zähne ausgebissen. Oder es wäre auf dem Weg in ihr Bewusstsein erfroren. Sie war eine dieser Personen, die immer lachen, deren Lachen aber nicht von Herzen kommt. Es war eher eine Gefühlsregung, die dazu da war, andere Menschen auf Distanz zu halten. Die Therapeutin hatte wenig Ehrgeiz, mich individuell zu behandeln. Sie präsentierte ein Flipchart, auf dessen DIN-A2-Seiten mehrere Diagramme und Regelkreise aufgemalt waren. Jeder Patient kannte die Seiten, sie wurden bei sämtlichen Problemen aus dem Hut gezaubert. Das war nicht unkomisch.

Leute, die keine Ahnung haben, glauben, dass Depressive nie lachen. Das stimmt nicht. Schlurfer lachen sehr wohl. Ihr Lachen

kommt aber nicht aus ihren Herzen. Es ist eher eine Übersprunghandlung, die das Gehirn vollzieht, um nicht abzusterben.
Natürlich erinnerten mich die Gespräche mit Frau Stark an meine Zeit bei Herrn Stur. Nein, auch hier war nicht alles schlecht. Es war aber auch nicht hilfreich. An einem Tag saß ich einige Minuten vor dem eigentlichen Termin vor ihrer Tür. Das empfand sie als Übergriff. »Ich werde mich erst um Sie kümmern, wenn Sie an der Reihe sind«, ließ sie mich wissen und verschwand mit ihrem Cappuccino in ihrem Büro.
Es ist nicht so, dass ich nicht verstehen würde, wie wichtig es gerade in diesem Beruf ist, sich abzugrenzen. Für mich, die Depressive, die glaubte, keine Zukunft zu haben, war das jedoch schwer nachzuvollziehen. Schlurfer sind Energieräuber. Sie saugen ihr Umfeld aus, weil sie hoffen, sich so aus dem Elend befreien zu können. Leider ist ihr Bedarf an Zuspruch und Zuwendung so groß, dass andere Menschen leicht auf der Strecke bleiben. Frau Stark schaffte es jedenfalls, mich auf Distanz zu halten. Irgendwann stand dann noch ein Zusatzgespräch mit dem obersten Psychologen an. Wie sich herausstellte, hatte ich doch was bei der Stationstherapeutin gelernt, denn ich präsentierte ihm brav alle die Einsichten, die von dem Flipchart stammten. »Ja, ich muss in Zukunft mehr auf meine inneren Signale achten, ja, ich werde mich mehr schonen.« Der Chef war zufrieden.
Es gab einen Arzt, der möglicherweise ahnte, welches Problem ich hatte. Da ich mich nicht mehr an seinen Namen erinnern kann, und er meinen Fall vermutlich schon lange vergessen hat, kann ich ihn nicht mehr fragen. Der junge Mann war als Stationsarzt auf der »Reil« eingeteilt. Dr. Spatz, wie ich ihn nenne, hatte keinen leichten Stand. Er war sehr gehemmt und sprach kaum. Während

der Visiten richtete man das Wort nur an ihn, um ihn bloßzustellen. Fachlich nahm ihn kaum jemand ernst. Spatz hörte mir an einem Wochenende, als die Gedanken gerade wieder unerträglich waren, eine Zeit lang zu. Dann beschloss er in Eigenregie, meine Medikamentendosis deutlich zu erhöhen.

Die Sache ist die: Wenn ein Mensch depressiv ist, genügt ihm ein gewisser SSRI-Wirkstoffspiegel, um wieder normale Gefühle und Erfahrungen machen zu können. Es gibt aber Leiden, die eng mit Depressionen verwandt sind und häufig damit verwechselt werden, bei denen eine andere Vorgehensweise angebracht wäre. Heute weiß ich, wie meine Krankheit heißt, weiß, dass in meinem Fall das Depressionsmedikament zwar grundsätzlich richtig war, dass aber die doppelte Dosis notwendig gewesen wäre, um den Ohrparasiten auszuhungern. Wie auch immer. Spatz hatte damals eine gute Idee. Das Problem in meinem Kopf hatte zwar keinen Namen, die richtige Medizin hätte die Sache aber eindämmen können. Leider hatte das höher dosierte Medikament keine Zeit, seine Wirkung zu tun. Spatz' Entscheidung wurde von Calanda rückgängig gemacht.

Jeder psychisch Kranke, der stationär behandelt werden muss, kämpft an zwei Fronten: Da ist die Krankheit, die ihm die Lebensqualität raubt, und da ist die Stigmatisierung, im Irrenhaus zu sein. Für das Heer der Ärzte, Psychiater und Therapeuten ist das Umfeld der Klinik Alltag. Für die, die aus welchen Gründen auch immer aus ihrem Trott herausgerissen wurden und nun in einer künstlichen Umwelt leben müssen, ist das der Ausnahmezustand.

Ich gewöhnte mir schnell an, die Mitpatienten zu klassifizieren. Wer auch so schlurfte wie ich, der musste depressiv sein. Wer entrückt wirkte, war möglicherweise psychotisch. Diejenigen, die merkwürdig frivol auftraten und stundenlang Tischfußball spielten, waren die Alkoholiker. Schwer zu greifen waren die Bipolaren. Das sind Menschen, die zwischen depressiven und manischen Phasen hin und her oszillieren. Die kamen tief deprimiert aus der geschlossenen auf unsere offene Abteilung und schossen vor unseren Augen ins Hoch. Aus dem Mann mit den traurigen Augen wurde ein Rosenkavalier, der eine Borderline-Patientin beglückte,

die halb so alt war wie er. Es kam zu sexuellen Handlungen, es gab ein Drama, denn die junge Frau wollte sich nicht binden. Ein typisches Problem bei Borderline-Menschen.
Das alles bekamen wir »Normalos« hautnah mit. Hätte ich entscheiden dürfen, ich hätte mir eine Station gewünscht, auf der nur die Depressions- und Angstpatienten behandelt werden. Wer so weit unten ist, braucht nicht noch Einblicke in das Elend, das Menschen mit anderen Diagnosen aushalten müssen.
Überhaupt verschwendete man in der Klinik scheinbar wenig Energie darauf, sich zu überlegen, welche Umgebung den einzelnen Patientengruppen helfen könnte. Ich lebte in einer tristen, reizarmen Welt. Die Wände waren weiß, es gab kaum Farben, kaum Pflanzen, keine Freude. Meine Station hätte auch voller Blinddärme oder Kreuzbandrisse liegen können. Die Suchtkranken wohnten hingegen in einem Trakt mit Jugendherbergscharakter. Dort gab es die Tischfußballplatte, es gab Ruhesessel, es gab Farben, Bilder, Aushänge. Vielleicht waren wir kränker. Vielleicht dachte man auch, wir seien unempfänglich für Schönes. Mich bedrückte die sterile Umgebung auf der »Reil«.
Am Ende des endlos langen Flures gab es ein großes Aufenthaltszimmer. Dort stand ein Fernsehgerät, das kaum benutzt wurde. Menschen, die um ihre seelische Gesundheit kämpfen, haben keine Zeit, »Wer wird Millionär?« zu schauen. In jenem Raum lag die Essensliste, in die jeder Patient am Wochenanfang eintragen musste, welche Gerichte er in den kommenden Tagen essen wollte. Wir konnten jeweils zwischen drei Varianten wählen. Ich hätte am liebsten gar nichts angekreuzt. Da ich aber nicht wegen einer Essstörung hier war, fügte ich mich und erledigte diese Aufgabe pflichtbewusst. Leo, ein älterer Mitpatient, hatte dieselbe

Idee gehabt. Wir, die einige Tage aneinander vorbeigeschlurft waren, unterhielten uns zum ersten Mal richtig. Der Mittsechziger erzählte mir, er sei Architekt. Gewesen. Als er hörte, dass ich frisch von der Uni kam, lächelte er: »Wir Akademiker sollten zusammenhalten.« Leo lud mich ein, an »seinem« Tisch Platz zu nehmen. Während wir versuchten, uns gegenseitig zu erklären, warum wir hier waren, spielten wir Kniffel. Ich würfelte mit Leo, dem Architekten, bis spät in die Nacht. Niemand störte uns. Vermutlich schrieb einer der Pflegenden zeitgleich in unsere beider Akten: »Patient X und Patientin Y haben endlich einmal etwas Normales gemacht. Es geht aufwärts!«
Leo hatte sich an der Börse verspekuliert. Er war kein Spieler, der sich im Rausch verzockt hatte. Nein, er war damals – wie so viele andere auch – das Opfer einer Kettenreaktion am Markt geworden. Von einem Tag auf den anderen stürzten seine Aktien ins Bodenlose. Sein Lebenswerk, das er vor allem über seinen Kontostand definierte, war zerstört. Leo nahm die Sache persönlich. Statt nach vorne zu blicken, beschloss er, depressiv zu werden. Nicht nur ein bisschen, sondern so richtig. Als ihn seine besorgten Angehörigen in der Psychiatrie ablieferten, fragte ihn der dienstanbende Arzt, ob er Selbstmordgedanken habe. Leo antwortete wahrheitsgemäß mit Ja. Deswegen saß er nun mir gegenüber. Als er seine Geschichte erzählt hatte, sah er mich fragend an. Warum war ich hier? Ich versuchte, mein Problem in Worte zu fassen. Leo konnte nicht folgen. »Wenn du dir nicht sicher bist, dann verlasse den Mann doch«, riet er mir. Seine Tochter sei auch einmal unglücklich in einer Beziehung gewesen. Er könne sich noch gut daran erinnern, dass ihr die Trennung gutgetan habe.

»Siehst du, genau an der Stelle hakt meine Seele. Das will ich nämlich gar nicht.« Leo runzelte die Stirn und wandte sich wieder dem Würfelspiel zu. Wir merkten schnell, dass es nicht zielführend war, den anderen verstehen zu wollen. Das gemeinsame Akademiker-Gen half da nicht weiter. Was wir aber nachfühlen konnten, war die Trauer des anderen.

Leo wurde in den kommenden Wochen mein engster Vertrauter. An schönen Tagen spazierten wir gemeinsam über den Campus und unterhielten uns über Gott und die Welt, nur nicht über unsere Leiden. Abends trafen wir uns regelmäßig zum Kniffel. Ich hätte nie gedacht, dass ein so simples Spiel, bei dem es nur darum geht, bestimmte Augenzahlen zu würfeln, so tröstlich sein konnte. Leo fühlte sich ebenfalls wohl in meiner Nähe. Ich war anders als Gisela, die nur jammerte. Und anders als Steffi, die im normalen Leben als Putzfrau arbeitete, hier aber von einer Panikattacke in die nächste schlitterte. Ich schaute nicht durch die Menschen durch wie das neue Mädchen, das gerade von der Geschlossenen hochgekommen war. Ich konnte dem Gespräch problemlos folgen und hob mich somit auch angenehm von einigen älteren Patienten ab, die nur deswegen auf der »Reil« waren, weil ihre Angehörigen nun endlich wissen wollten, ob der Opa nun Alzheimer hatte.

Leo und ich, wir waren für ungefähr drei Wochen ein gutes Team. Doch er erholte sich deutlich schneller als ich. Da beschloss er, nur noch nach vorne zu schauen und kappte die Leine. Er verließ die Psychiatrie knapp zwei Wochen vor mir. Als er ging, war ich mir sicher, dass er es schaffen würde. Es war gesund, sich dem zuzuwenden, was einen aufbaut, und das hinter sich zu lassen, was einen nach unten zieht. Und ich war aus Leos Perspektive der

Abgrund. Meine Krankheit hatte für mich nach wie vor keinen
Namen, nichts ergab einen Sinn. Das Antidepressivum half zwar,
es konnte aber meine pochenden Endlosgedanken nicht stoppen.
Der Ohrwurm fraß sich nach wie vor durch meine Gefühlswelt
und überhäufte mich mit Zweifel.

Als Leo weg war, begegnete ich Werner. Damals war er vermutlich Ende vierzig, wenngleich es schwer ist, das Alter einer Person zu schätzen, die schon jahrelang in der Psychiatrie lebt. Die Medikamente, die Monotonie innerhalb der Einrichtung, die Ausweglosigkeit, all das hinterlässt Spuren in einem Gesicht. Werner tauchte neu auf unserer Station auf. Genau genommen kam er direkt von der Geschlossenen, aber das fand ich erst später heraus. Als wir gemeinsam in der Ergotherapie waren, fiel mir auf, wie geschickt er mit den Arbeitsmaterialien umging. Der Mann mit der Halbglatze und dem Schnauzbart bastelte nicht, er erschuf. Werner war ein Künstler. Das wussten auch die Ergotherapeuten, die es sich ersparten, ihm ein Laubsägepuzzle als neues Projekt vorzuschlagen.

An einem Tag setzte er sich zu mir und sah mir bei der Specksteinbearbeitung zu. Ich war gerade im Flow, wie der Zustand heißt, in dem man ganz in seiner Arbeit aufgeht und an nichts anderes denkt. Die Skulptur in meinen Händen hatte weder Kopf noch Füße. Ein Seelenkenner hätte messerscharf geschlussfolgert, dass der Torso gut zu meiner Situation passte. Ich fühlte mich ebenfalls seltsam kopflos und an ein Fortkommen war in mehrfacher Hinsicht nicht zu denken. Dabei war es viel banaler: Der Specksteinrohling war nicht lang genug, um noch einen Kopf daraus zu erschaffen.

Werner griff nach meinem Werkstück, zeigt auf eine Kante und gab mir einen Tipp, wie das Ganze plastischer zu gestalten sei.

Ich mochte ihn und seine ruhige Art augenblicklich. Er war wie ein sanfter Riese, verloren in einer für ihn fremden Welt. Wenn er sprach, klang das merkwürdig. Seine Zungenmotorik war seltsam. Es hörte sich so an, als habe er Schwierigkeiten, all die komplizierten Bewegungen auszuführen, die das Sprechen zum Sprechen machen. Jahre später erklärte mir ein Fachmann, dass das wohl ein Hinweis auf eine irreversible Nervenschädigung wäre. Werner musste über Jahrzehnte hinweg antipsychotische Medikamente, sogenannte Neuroleptika, genommen haben. Manche Mittel der älteren Generation führten zu diesen typischen Ausfallerscheinungen. Der Künstler war schizophren. In seinem Bewusstsein verschwammen Traum und Realität. Vielleicht lebte in seinem Kopf auch ein Ohrwurm. Wer konnte das schon sagen? Doch während ich mit allen Kräften gegen meinen Eindringling ankämpfte, erkannte Werner nicht, dass das Tier – so es denn in seinem Kopf war – ein Parasit war. Werner und sein Ohrwurm waren eins. Ihm fehlte die Krankheitseinsicht. Einmal erzählte er mir, die Ärzte hätten sein Leben zerstört. Er hatte schon vor langer Zeit resigniert.

Seine Mutter besuchte ihn täglich. Die alte Dame mit den kinnlangen weißen Haaren imponierte mir. Jedes Mal, bevor sie das Zimmer ihres Sohnes betrat, hielt sie einen Moment inne, straffte ihre Schultern, hob ihr Kinn, und erst dann ging sie hinein. In ihrer Armbeuge hing immer ein geflochtener Korb. Ich weiß bis heute nicht, was sie Werner brachte. Vielleicht war es frische Wäsche. Oder selbst eingekochte Erdbeermarmelade. Vielleicht war der Korb auch leer und sie brauchte ihn einfach nur, weil er ihr Halt gab.

Anfangs bemerkte ich die Veränderungen bei Werner kaum. Sie kamen ganz sachte, fast beiläufig. Er lächelte häufiger, wenn er

andere Patienten sah. Im Gespräch hielt er länger Augenkontakt. Er kam mir mächtiger vor. Es dauerte, bis ich erfasste, was geschehen war: Werner, der asexuelle Patient, war zu einem Mann geworden. Ich fürchtete mich. Wenn wir zusammen im gleichen Raum waren, sah er minutenlang in meine Richtung. Ich fühlte mich wie ein Beutetier, das ausgespäht wurde. Alles, wonach ich mich damals sehnte, war Sicherheit. Werner war zu einer Bedrohung geworden.
Nach drei, vier Tagen erzählte ich Steffi, der Frau mit den Panikattacken, von meinen Befürchtungen. Als ich in ihre Augen sah, wusste ich, dass ich nicht die Einzige war, die sich unwohl fühlte. Die attraktive Dreißigjährige, die ihr dunkelbraunes, welliges Haar lang trug, erzählte, dass Werner sie am Vorabend gefragt hatte, ob ihre Schamhaare auch so lange wie ihre Kopfhaare seien. Wir Frauen überlegten. War es möglich, dass wir uns in etwas hineinsteigerten? Als eine dritte Patientin zu uns stieß und ebenfalls berichtete, dass er sich ihr gegenüber unangemessen verhalten hatte, wendeten wir uns an das Personal.
Als Patient blickt man nicht hinter die Kulissen. Man kann nicht abschätzen, ob das, was über jeden Einzelnen von uns in den Akten steht, mit unserem Selbstbild übereinstimmt. Hätte man uns als hysterisch abgetan, ich hätte das akzeptieren können. Die Tatsache, dass unsere Meldung sehr ernst genommen wurde, zeigte zumindest mir, dass wir nicht die Einzigen waren, denen Veränderungen aufgefallen waren. Die diensthabende Oberschwester griff zum Hörer und binnen Minuten kam ein Arzt auf die Station, um uns einzeln zu befragen.
Ich kann mich noch gut daran erinnern, wie jenes Gespräch verlief. Ich legte viel Wert auf die Feststellung, dass ja genau

genommen nichts passiert sei. Ich sagte dem Arzt, ich sei wegen einer schweren Depression hier, und es liege mir fern, einen Mitpatienten in die Pfanne zu hauen. Ich erwähnte aber auch, dass Werner mich so anstarrte, dass ich mich unwohl fühlte, wenn ich alleine mit ihm im Raum war. Dann stellte ich eine wichtige Frage: »Kann es sein, dass Werner andere Medikamente als vorher nimmt? Er wirkt so verändert.« Der Arzt guckte unter sich. Dann überschritt er eine unsichtbare Linie, die normalerweise zwischen ihm und seinen Patienten gezogen war. Er antwortete wahrheitsgemäß. Die Sache war die: Werner hatte die Ärzte vor wenigen Tagen gebeten, man möge doch eines seiner zentralen Medikamente ausschleichen. Er fühle sich gut, es sei doch einen Versuch wert, mal zu schauen, ob es auch ohne diese spezielle Arznei ginge.

Die moderne Psychiatrie ist weit von dem Horrorszenario entfernt, das in Filmen von ihr gemalt wird. Die Patienten sind keine Opfer, die der Willkür der Ärzte ausgeliefert sind. Sie werden so gut wie möglich in die Entscheidungsprozesse miteinbezogen. In Werners Fall war diese Strategie möglicherweise nach hinten losgegangen. Der Arzt tippte auf Werners dicke Krankenakte, die vor ihm lag, und sagte: »Herr Graboswki ist sehr krank. Sie können sich gar nicht vorstellen, wie krank. Er hat bisher aber noch nie andere sexuell belästigt.« Das sei neu, das dürfe er als Arzt nicht ignorieren.

Nach mir kam Steffi an die Reihe. Sie erzählte von der Schamhaar-Sache. Ob die Aussagen der dritten Patientin überhaupt noch relevant waren, weiß ich nicht. Der Arzt fackelte jedenfalls nicht lange herum. Wir wurden gebeten, auf unsere Zimmer zu gehen. Als ich einige Minuten später meine Tür öffnete, um zur Toilette zu gehen, sah ich, wie zwei muskulöse Pfleger aus dem Aufzug traten. Ich gebe zu, ich konnte den Blick nicht abwenden. Es war keine Neugier, es war blankes Entsetzen. Die weiß gekleideten Männer trugen Gummiclogs und grüne Handschuhe. Just in dem Moment kam Werner aus seinem Zimmer. Er erkannte sofort, dass die Pfleger wegen ihm gekommen waren. Nach dem Aufstieg kam für ihn die Erniedrigung. Er kannte den Zyklus offensichtlich gut. Er schrie und schlug um sich. Doch es half nichts. Die schweren Jungs zerrten ihn zum Aufzug. In Filmen ist es oft so, dass der renitente Patient dann noch eine Beruhigungsspritze bekommt. Nicht so bei Werner. Ich hörte seine Schreie noch, als die Aufzugtür längst geschlossen war. Von da an verlor sich seine Spur.

Am selben Abend kam seine Mutter auf die Station. Sie hatte traurige Augen und blickte zu Boden. Ich bin nicht sicher, ob sie uns böse war, oder ob sie sich schämte. Beides wäre für mich nachvollziehbar gewesen. Ich hätte sie gerne angesprochen, aber mir fehlte der Mut. Sie verschwand in Werners altem Zimmer, packte seine Sachen zusammen, trat wieder heraus, huschte zum Lift und verschwand. Sie tat mir unendlich leid.

Ich saß die halbe Nacht auf meinem Bett und weinte um Werner, den Künstler mit den sanften Augen, der nun wieder in der geschlossenen Abteilung war. Damals wurde mir bewusst, dass meine Kräfte langsam zurückkehrten. Ich hatte eine Gefahr erkannt und mich für den Kampf entschieden. Vielleicht war mein Leben doch noch nicht vorbei.

In der fünften Woche wurden die Ärzte, Psychologen und Pflegenden ungeduldig mit mir. Frau Berger bestellte mich zu sich, erklärte mir, dass ich schon sehr viel erreicht hätte. »Sie schlafen wieder, Sie können wieder essen, Sie weinen viel weniger als vorher. Das Medikament wirkt.« Ich fragte sie, warum meine Gedanken nach wie vor durch meinen Kopf hämmerten. Sie wusste keine Antwort und schlug mir eine Methode vor, die sich in der Behandlung von Depressionen bewährt hatte. Ich sollte unter ärztlicher Aufsicht quasi eine Nacht durchmachen. Manchmal, so erklärte sie mir, helfe der Schlafentzug, die schlimmen Gedanken zu vertreiben. Ich ahnte schon, dass das bei mir nicht klappen konnte. Mein Ohrwurm bohrte nämlich immer dann besonders tief, wenn ich zu wenig geschlafen hatte. Aber was wusste ich schon? Sie war die Psychiaterin.

Der Schlafentzug endete im Desaster. Nach der durchwachten Nacht lief mein Parasit zu neuer Höchstform auf. Am Morgen danach war ich ein Wrack. Frau Berger nahm das zur Kenntnis und verzichtete auf weitere Experimente. Drei Tage später teilte sie mir mit, es sei nun langsam an der Zeit, nach Hause zu gehen. Für mich brach eine Welt zusammen, denn ich war noch nicht bereit.

»Niemand, der hier bei uns war, ist dafür bereit«, sagte sie. »Ich bin mir aber sicher, dass Sie das schaffen werden.« Das war vermutlich der wichtigste Satz, den ich in der Psychiatrie gehört hatte. Frau Berger war sich sicher. Ich war mir überhaupt nicht sicher.

Ich war nicht sicher, ob ich meinen Freund liebte, war nicht sicher, ob ich heterosexuell war, war nicht sicher, ob ich dem Kaninchen meiner Schwester nicht bei nächster Gelegenheit den Hals brechen würde. Da ich weiterleben wollte, packten der Ohrwurm, sein Kind und ich unsere gemeinsamen Sachen.

Ben holte mich ab. Er trug die kleine Reisetasche, die alle Habseligkeiten enthielt. Ich umklammerte die Holzente und das Mobile aus der Ergotherapie. Meinen Mitpatienten sagte ich halbherzig Lebwohl und dann verschwanden wir im Lift. Plötzlich ging es mir nicht schnell genug. Wir fuhren an der Bäderabteilung vorbei, stiegen im Erdgeschoss aus und passierten den Raum, in dem gerade eine Gruppe Schlurfer ihre Muskeln entspannte. Ich blickte ein letztes Mal wehmütig Richtung Ergotherapiewerkstatt, die im Nordtrakt lag. Ben spürte meine Zerrissenheit. »Wenn du möchtest, können wir auf der Heimfahrt bei einem Bastelladen anhalten, dann kannst du dir neue Materialien besorgen«, schlug er vor. Ich schüttelte den Kopf. Dann traten wir gemeinsam ans Licht. Ich zitterte am ganzen Leib, die Tränen liefen mir die Wangen hinab. Der Film, der vor sechs Wochen gedreht worden war, lief nun rückwärts ab. »Wir schaffen das«, sagte Ben. Er klang überzeugend. Ich stieg auf der Beifahrerseite ein, wir fuhren vom Campus, dann Richtung Autobahn. Eine halbe Stunde später parkte Ben vor dem Haus, in dem sich unsere kleine Wohnung befand.

Als er die Haustür öffnete, legte sich meine Anspannung ein wenig. Nun weinte ich Tränen der Erleichterung. Obwohl ich hier schlimmste Dinge erlebt hatte, fühlte ich mich erstaunlicherweise geborgen. Das war gut. Der Kühlschrank quoll über, die Wohnung war aufgeräumt, auf dem Tisch stand ein Strauß Tulpen. Ben nahm mich in den Arm und wir hielten uns gegenseitig fest. Ich hatte keine Ahnung, wie es weitergehen würde.

Mein Zeitempfinden orientiert sich nun seit zehn Jahren an jenem Moment, in dem sich der Ohrwurm in mein Gehirn verbiss. Es gibt nur ein Davor und ein Danach. Das ist ein bisschen so wie bei Menschen, die nach einem Unfall querschnittgelähmt sind. Jene Nacht veränderte alles. Nichts war mehr so wie früher. Bis zu dem Augenblick, in dem meine Krankheit voll ausbrach, lebte ich ein gutes Leben. Es war nicht perfekt, obwohl ich immer danach gestrebt hatte. Mein Dasein war, so dachte ich zumindest, auf kindliche Weise sorgenfrei gewesen. Heile, heile Segen, drei Tage Regen, drei Tage Schnee – und dann tut nichts mehr weh.

Als ich die Klinik verließ, war nichts gut. Heilung war ein abstrakter Zustand, an den ich nicht mehr glaubte. Vielleicht wurde ich damals erwachsen.

Als ich in der ersten Zeit daheim in die Zukunft blickte, sah ich nichts. Ich lebte nun immer nur bis zum Abend. Wenn ein Tag geschafft war, hangelte ich mich zum nächsten. Der Ohrwurm tat das, was er schon vorher getan hatte: Er schickte mir schreckliche Gedanken. Ich zermarterte mir nach wie vor das

Gehirn, immer auf der Suche nach Antworten. Ich sammelte in Gedanken Gründe, die belegten, dass meine Befürchtungen unrealistisch waren. Ich argumentierte stundenlang mit mir selbst, drehte mich im Kreis. Obwohl ich schon tausende Male erlebt hatte, dass ich keine Antwort finden konnte, musste ich es jeden Tag aufs Neue versuchen.
Also alles wie gehabt. Der einzige Unterschied zu früher bestand darin, dass ich wieder funktionierte. Das Radio in meinem Kopf lief zwar die ganze Zeit, aber irgendjemand hatte den Lautstärkeregler auf »leise« gestellt. Ich bin einer dieser Menschen, die gerne von Geräuschen eingelullt werden. Das kann das Rauschen des Meeres oder das Prasseln von Regentropfen sein. Oder auch das Heulen des Windes, der übers Dach streicht, während man geborgen im weichen Bett liegt. Das Ohrwurm-Radio gehörte aber in eine andere Kategorie. Es war wie Autobahnlärm. Es mag Menschen geben, die ihr Leben lang neben einer Schnellstraße wohnen können. Ich war und bin anders. Der Ohrwurm-Lärm stresste mich, und ich schaffte es einfach nicht, dieses weiße Rauschen in meinen Alltag zu integrieren.
Aber, wie schon gesagt, ich funktionierte nach außen hin wieder. Ich lag nur noch selten auf der Couch, sondern lenkte mich von mir selbst ab. Ich spazierte durch den Wald, bepflanzte unseren Balkon oder ging zum Schwimmen. Manchmal schaffte ich es sogar in einen kleineren Supermarkt.
Frau Berger hatte mir nur eine kleine Menge meines Medikaments mitgegeben. Deswegen musste ich schon bald zu meinem Hausarzt, um mir ein Rezept ausstellen zu lassen. Ich machte einen Termin und trat den nächsten schweren Gang auf dem Weg zurück in die Gesellschaft an. Ursprünglich war ich davon ausgegangen, dass

es meine Aufgabe wäre, meinem Arzt zu erklären, was geschehen war. Das war jedoch nicht nötig, denn im Begleitbrief, den man mir bei der Entlassung ausgehändigt hatte, stand alles. Jemand hatte sich die Mühe gemacht, anderthalb DIN-A4-Seiten mit meiner Geschichte zu füllen. Eigentlich merkwürdig, dass so viel Leid so komprimiert werden konnte.

Da der Brief verschlossen war, überreichte ich ihn pflichtbewusst der Sprechstundenhilfe. Als ich später meinem Arzt gegenübersaß, und er ihn öffnete, hatte ich das Gefühl, ein Ding zu sein, zu dem es diese Gebrauchsanweisung gab.

»Sie brauchen dringend einen Psychiater, ich kann nichts für Sie tun.« Für ihn war der Fall klar. Die ehemalige Studentin, die er früher immer gerne behandelt hatte, da sie so geistreich und witzig war, war nun zum Problem geworden. Leute wie ich saßen in den Hausarztpraxen und stahlen den Medizinern ihre Zeit. Bei uns gab es nichts zu messen, nichts zu diagnostizieren. Ich hätte so gerne erwidert, dass genau genommen niemand etwas für mich tun konnte, aber dazu fehlte mir die Energie. Mehrere Fachleute hatten wochenlang versucht, mich zu heilen. Ich nickte, stand auf und verließ die Praxis mit einem Rezept für mein Medikament, kleinste Packungsgröße. Ich hatte exakt drei Wochen Zeit, einen Psychiater meines Vertrauens zu finden.

Nach welchen Kriterien wählt man einen Vertrauensarzt aus? Ich entschied mich für die Praxis, die am leichtesten von mir aus zu erreichen war. Der Doktor war nicht unfreundlich. Aber auch er verspürte wenig Ehrgeiz, die Diagnose infrage zu stellen. Ich erhielt das Medikament, für Sitzungen hatte er sowieso keine Zeit, und damit war der Fall erledigt. In der Klinik hatte man mir dringend geraten, mir einen Therapeuten zu suchen, der auf »Kognitive Verhaltenstherapie« spezialisiert sei. Ich recherchierte im Internet und fand mehrere Adressen. Da ich nicht in fünf Monaten, sondern sofort Hilfe brauchte, schieden viele Psychologen schon im Vorfeld aus. Verhaltenstherapeuten waren gerade sehr gefragt. Ich landete schließlich bei Frau Schimmerling, die angab diverse Therapieformen zu beherrschen. Auf meine Frage, ob die Verhaltenstherapie ebenfalls in ihrem Repertoire liege, meinte sie, bei Bedarf ginge das auch. Also gut. Ich wurde ihre Patientin.

Meine Besuche bei Frau Schimmerling wurden zur Wochenroutine. Bevor sie mich empfing, musste ich immer einige Minuten in ihrem Behandlungszimmer warten. Ich saß in einem winzigen, blauen Sessel und starrte auf den Perserteppich. Dann hörte ich sie kommen. Ihre Pumps klackerten auf dem Parkett des Flurs. Sie betrat das Zimmer nie, ohne vorher noch einen Abstecher ins Bad zu machen. Nicht etwa, um die Toilette zu benutzen, sondern um ihre Frisur mit Haarspray aufzufrischen. Ich höre das »Tschhhhhh« noch heute. Dann stöckelte meine Therapeutin mit einer dampfenden Tasse in der Hand ins Zimmer. Der typische Haarspraygeruch vermischte sich mit Kaffeeduft. Bevor Frau Schimmerling sich setzte, musste sie erst ihren Rock nach unten ziehen. Das war nötig, denn sie trug trotz ihres fortgeschrittenen Alters grundsätzlich nur Kleider, die weit oberhalb des Knies aufhörten.

Sie glaubte nicht an den Nutzen der Verhaltenstherapie. Besser gesagt: Sie wusste gar nicht so recht, wie das ging. Sie redete viel lieber über die Anpassungsschwierigkeiten ihrer afrikanischen Adoptivtochter. Eigentlich hätte ich die Behandlung abbrechen müssen, aber Frau Schimmerling sagte mir einmal, meine Krankenversicherung würde in dem Fall keine weitere Therapie mehr bezahlen. Ich überprüfte das nicht.

Wenn ich während der Sitzung meine wiederkehrenden Gedanken ansprach, nickte sie wissend. »Das ist alles noch von der Depression«, pflegte sie zu sagen. Manchmal schaffte sie es, meinen Ohrwurm zu füttern. Sie sprach beispielsweise davon, dass es vielleicht doch mein Unterbewusstsein sei, das mir die Zweifel schicke. »Vielleicht müssen Sie wirklich etwas ändern.« Nach solchen Sitzungen lief ich weinend nach Hause. Meistens fühlte ich mich nach den Gesprächen aber einfach nur leer und unendlich traurig.

Meine Krankschreibung endete drei Wochen nach meiner Entlassung. Ich hatte mich mit dem Studienseminar, an dem ich zur Gymnasiallehrerin ausgebildet wurde, auf eine langsame Wiedereingliederung verständigt. Der Leiter vereinbarte mit mir einen Termin, um alles im Detail durchzusprechen. Als Ort schlug er meine Schule vor.

An meinem ersten Arbeitstag schlich ich morgens ins Lehrerzimmer. Ich war zweieinhalb Monate weg gewesen. Die Referendare, die Ben schon vor Wochen eingeweiht hatte, wussten Bescheid. Doch für all die anderen Kollegen war ich einfach nur die junge Lehrerin, die in der Versenkung verschwunden war. Ich konnte die Neugier in ihren Augen sehen. Und auch das Mitleid. Ich hatte mich verändert, äußerlich und innerlich. Aus der ehemals selbstbewussten Frau war ein verhuschtes Mäuschen geworden. Ich hatte mir eine hanebüchene Erklärung zurechtgelegt, erzählte von einer Stoffwechselerkrankung und davon, dass ich nun auf dem Wege der Besserung sei. Vermutlich nahm mir das niemand ab. Aber das Umfeld war gnädig. Keiner bohrte nach. Die Ringe unter meinen Augen waren zu aussagekräftig.

Dann kam das Gespräch mit dem Studienseminarleiter. Er war sehr freundlich und hatte viele Fragen. Anfangs dachte ich, es ginge ihm darum, ein Klima des Vertrauens zu schaffen. Nach einigen Minuten wurde mir aber klar, dass er vor allem herausfinden wollte, ob man mich wieder auf die Schüler loslassen konnte. Nein, ich hatte keine Wahnvorstellungen gehabt. Nein, ich nahm keine Beruhigungsmittel, nein, ich war keine Gefahr für mich und andere. Als er fragte, ob ich nun geheilt sei, guckte ich betreten nach unten.

Ich verstehe gut, warum er das alles hatte wissen wollen. Ich hätte diese Fragen an seiner Stelle auch gestellt. Burn-out, Angst, Panik, Depression – das waren typische Lehrerkrankheiten. Doch was bedeutete es, wenn ein junger Mensch, der erst wenige Wochen Schulluft geschnuppert hatte, kollabiert war? Am Schluss machte der Studienseminarleiter noch eine persönliche Bemerkung: »Was mich am meisten wundert, ist, dass das Ihnen passiert ist. Sie waren immer so fröhlich, so präsent.«

Nach einigen Wochen absolvierte ich wieder das volle Pensum. Ich war eine gute Referendarin und eine beliebte Lehrerin. Noch heute erhalte ich Mails und Postkarten von ehemaligen Schülern, die sich an meinen Unterricht erinnern. Ich mochte die Arbeit. Wenn andere Kollegen über eine schwierige Klasse stöhnten, musste ich innerlich lächeln. Meine Erkrankung hatte nichts mit meinem Job zu tun.

Im Gegenteil: Die Arbeit mit den Kindern und Jugendlichen half mir, den Ohrwurm im Zaum zu halten. Manchmal spielte mir das Biest dennoch böse Streiche. Einmal stand ich vor einer Klasse Zwölfjähriger. Da schoss mir ein aufdringlicher Gedanke durch den Kopf: Was wäre, wenn ich eines der Kinder sexuell missbrauchen würde? Binnen Sekundenbruchteilen war die volle Angstreaktion da. Ich zitterte, hatte plötzlich eiskalte Hände, Schweißtropfen rannen die Schläfen herab. Ich wäre so gerne aus der Klasse gerannt, weg von dieser vermeintlichen Bedrohung, doch die Furcht, dabei erwischt zu werden, war mächtiger als der Ohrwurm. Eine Lehrerin darf ihre Schüler nicht im Stich lassen. Wer in einer Ecke der Toilette auf dem Boden kauert und weint, der ist sicherlich keine gute Pädagogin. Also kämpfte ich den Dämon nieder und zog die Stunde durch. Der Ohrwurm suhlte sich in den schlechten Gedanken. Es dauerte Wochen, bis ich wieder einigermaßen unvoreingenommen in die besagte Klasse gehen konnte.

Nach und nach wurde das Gymnasium zu meinem Refugium, zu meinem störungsarmen Raum. Daheim hatte der Ohrwurm viel mehr Möglichkeiten, mir zuzusetzen. Aber das reichte ihm nicht, er wollte mehr Einfluss. Deswegen beschloss er, ein weiteres Kind in die Welt zu setzen. Es geschah nach einem langen Schultag. Ich lag erschöpft im Bett und hatte meine linke Hand auf meine linke Brust gelegt. Ich könnte jetzt schreiben, das sei eine gedankenverlorene Geste gewesen, aber gedankenlose Momente gab es bei mir so gut wie nicht. Ich lag also da, und plötzlich fühlte ich einen Knubbel in meiner Hand. Das war nicht die Brustwarze, das war auch kein Brustdrüsengewebe. Das war Krebs.

Von einem auf den anderen Moment war ich sterbenskrank. Ich befühlte den Knoten minutenlang, versuchte, zu »begreifen«, was in meinem Körper vor sich ging. Ich hatte gelesen, dass Frauen, die sehr früh an einem Mammakarzinom erkrankten, sehr schlechte Heilungsaussichten hatten. Der Knubbel war so groß wie eine Murmel. Das war kein Anfangsstadium mehr. War es möglich,

dass mein desaströses Leben um eine weitere Katastrophe reicher werden sollte? Das war vermutlich das Ende.
Mein Freund versuchte, mich zu beruhigen, aber er fand keinen Zugang zu mir. Vollkommen panisch rief ich in der gynäkologischen Ambulanz der städtischen Klinik an und sagte der Dame am Telefon, dass ich einen großen Knoten in meiner Brust ertastet habe. Die Frau war sehr verständnisvoll und sagte mir, ich dürfe sofort kommen. Ben fuhr mich. Wir saßen eine Stunde im Wartezimmer, bis endlich eine Ärztin Zeit hatte. Sie wollte einen Ultraschall machen und führte mich in das Behandlungszimmer. Schon auf dem Weg dorthin sendete sie Botschaften, die meiner Beruhigung dienen sollten:
»Sie sind eigentlich viel zu jung, das ist sicher etwas Harmloses, sorgen Sie sich nicht zu viel.« Doch ich hörte nichts davon. Ich hatte Krebs. Als ich meinen Oberkörper frei machte und die Ärztin die Brust sah, die ganz rot und geschwollen von meiner »Untersuchung« war, hörte sie auf zu sprechen. Das Ultraschallgel war kalt. Die Sonde fuhr auf meiner Brust entlang, auf dem Bildschirm zeichnete sich eine Mondlandschaft ab. Plötzlich trat eine runde Struktur hervor. Das war der Krebs.
»Sehen Sie her, dieses Gebilde ist ganz rund, scharf abgegrenzt, und es lässt sich gut verschieben. Das ist eindeutig ...« Ich sah hin, aber ich konnte nur einen Tumor erkennen. Er war riesig –
»... ein Fibroadenom, eine gutartige Bindegewebswucherung.« Ich hörte nur noch die Endsilbe »nom«.
Die Ärztin merkte, dass ich in meinen Gedanken gefangen war. Deswegen erklärte sie es nochmals. Und dann ein drittes Mal: Kein Krebs. Als ich später auf dem Krankenhausparkplatz stand und die Ultraschallbilder in meinen Händen hielt, war ich mir

dennoch unsicher. War es möglich, dass die Gynäkologin eine Fehldiagnose gestellt hatte? Von dem Tag an wucherte der Brustkrebs in meinem Kopf. Ich musste alle paar Stunden nach dem Knubbel greifen und prüfen, ob er sich immer noch verschieben ließ. Irgendwann besserte sich mein Zustand, die Angst nahm ab, die Wucherung war harmlos.

Einige Wochen später – es war die Zeit der Zeugniskonferenzen – kam die Angst vor dem Krebs zurück. Ich wiederholte mein Muster und raste kopflos zu meinem Gynäkologen. Die Geschwulst war immer noch zu 99 Prozent ein Fibroadenom. Daran bestand angeblich kein Zweifel. Doch was war mit dem einen Prozentpunkt? Ich rief in sämtlichen Frauenkliniken der Umgebung an und fragte wildfremde diensthabende Ärzte, ob so eine gutartige Veränderung zu Krebs werden könnte. Im dritten Anlauf sagte mir eine Assistenzärztin, man könne im Prinzip nicht sicher sein, ob unter dem Adenom nicht doch der Krebs wachse. Vermutlich meinte sie es ganz anders, aber das war das, was bei mir hängen blieb. Ich stürmte in die Praxis meines Frauenarztes und bestand auf einen dritten Ultraschall. Nun geschah etwas Entsetzliches: Der Arzt vermaß das Ding und riet mir, es entfernen zu lassen. So schnell wie möglich. Er schickte mich im Anschluss in ein Krankenhaus mit angeschlossenem Brustkrebszentrum. Auf der Überweisung stand: Karzinophobie. Krebsangst. Der Ohrwurm jubilierte.

Am selben Tag wurde ein OP-Termin festgelegt. Ich weiß bis heute nicht, wie ich die Zeit bis zum Eingriff überbrückt habe. Irgendwann lag ich auf einer Pritsche und wurde in den OP geschoben. Es war mir gleichgültig, ob ich je wieder aus der Narkose aufwachen würde. Ich hatte nur einen Gedanken: Krebs. Als ich im

Aufwachraum zu mir kam, war mein erste Satz: »War es Krebs?«
Der Anästhesist zuckte mit den Schultern. Er hatte keine Ahnung, wovon ich sprach, und faselte etwas von einer histologischen Untersuchung. Nun war ich in der Hölle. Irgendwo in irgendeinem Labor saß gerade ein Mensch, starrte in ein Mikroskop und blickte auf den Knubbel aus meiner Brust. Er würde vermutlich gerade in diesem Moment die Krebszellen finden. Ich weinte so hemmungslos, dass ein Arzt den Sozialdienst verständigte. Eine Psychologin, die sonst nur zu Patienten kommt, die gerade ihr Todesurteil erhalten haben, saß an meinem Bett und versuchte, mich zu beruhigen.

»Können Sie mir versprechen, dass ich keinen Krebs habe?« Nein, das konnte sie nicht. Mein Albtraum ging weiter. Die hohe Wahrscheinlichkeit, die sie mir anbot, reichte mir nicht. Auch diese Nacht ging vorbei. Am nächsten Morgen kam der Befund: Fibroadenom. Keine Spur von Krebs. Nirgends. Mein müder Kopf hätte das Thema nun ad acta legen können. Doch der Ohrwurm hatte Gefallen an dem Spiel gefunden. Nun hatte ich im Wochenrhythmus Krebs. Mal sah ein Muttermal seltsam aus, mal fand ich Blut im Stuhl, mal fühlte ich mich so schwach, dass es Leukämie sein musste. Manchmal gelang es mir, die Gedanken an mir vorbeiziehen zu lassen. Meistens verbrachte ich aber Stunden damit, meinen Körper abzutasten. Wenn ich mich so beruhigen konnte, war es gut. Ansonsten musste ich zum Spezialisten.

Der Ohrwurm hatte, ohne mich um Erlaubnis zu fragen, in meinem Kopf eine medizinische Bibliothek eröffnet. Gerade war er dabei, die Bestände zu sortieren. Es gab für alle Leiden eine Schublade. Dort sammelte er alle Informationen, die ich je zu diesem Thema aufgeschnappt hatte. Manchmal waren es harte Fakten wie »Geronnenes Blut im Stuhl deutet auf Darmkrebs hin«. Meistens war es aber gefährliches Halbwissen oder schlicht Blödsinn wie »Wenn es im Bauch zwickt, dann wuchert der Krebs«.

Wenn mich ein schlimmer Gedanke geentert hatte, dann konnte ich ihn nicht mehr abschütteln. Er verfolgte mich tagelang und quälte mich unbeschreiblich. Ich versuchte – ganz meinem alten Muster folgend – Gründe zu suchen, die gegen eine Krankheit sprachen. Eine unbeschreiblich zeitaufwendige Reaktion, die mir sehr viel Kraft raubte. Interessanterweise schaffte es mein Gehirn, immer nur einen Gedanken auf einmal zu denken. Wenn ich Magenkrebs hatte, war ich die glücklichste aller Freundinnen. Wenn ich ein Melanom hatte, war ich heterosexuell. Die vermutlich einzige Krebsart, die ich nie hatte, war Prostatakrebs.

Dass all diese Erlebnisse auf ein und dieselbe Erkrankung hindeuteten, ahnte ich nicht. Der Internist sah nur die unklaren Oberbauchbeschwerden, der Hautarzt nur das Muttermal, der Psychiater nur meine Verzweiflung. Niemand setzte das Puzzle zusammen. Ich hätte diesen Transfer leisten können, aber ich schaffte es nicht. Ich musste zwei lange Jahre warten, bis der Wurm, der sich sichtlich wohl in meinem Hirn fühlte, einen Namen bekam. Statistisch gesehen dauert es bei den meisten Betroffenen über sieben Jahre, bis die richtige Diagnose gestellt wird. Mich tröstet es nicht, dass es bei mir schneller ging.

Obwohl ich damals nicht glücklich war, meisterte ich mein Leben. Das Medikament, das ich weiterhin regelmäßig einnahm, war eine Stütze. Ich machte das zweite Staatsexamen (natürlich mit sehr gutem Ergebnis) und bekam eine Anstellung an einem privaten Gymnasium. Ich hatte es gar nicht erst an einer öffentlichen Schule versucht. Bei meiner Vorgeschichte war eine Beamtenlaufbahn so wahrscheinlich wie ein Sechser im Lotto.

Für die Kinder und Jugendlichen, deren Lehrerin ich nun wurde, war ich ein unbeschriebenes Blatt. Natürlich hatten auch die Kollegen keine Ahnung. Selbst der Schulleiter wusste nicht, welche Bürde ich mit mir herumtrug. Ich lebte in der ständigen Angst, jemand würde mein dunkles Geheimnis herausfinden. Es gab damals eine große Diskrepanz zwischen dem Eigen- und dem Fremdbild. Die anderen fanden mich so engagiert, so talentiert, so voller Ideen. Ich hatte hingegen immer das unterschwellige Gefühl, wertlos zu sein und versagt zu haben. Besser gesagt: immer noch zu versagen. Denn trotz aller Therapiestunden konnte ich nicht ausblenden, was mir widerfahren war. Ich fühlte mich

schuldig und schämte mich, dass es mir nicht besser gelang, meine Gedanken zu kontrollieren. Ich war nach wie vor besessen von der Angst, lesbisch zu sein. Ich fürchtete nach wie vor, meinen Partner möglicherweise nicht mehr genug zu lieben.
Glücklicherweise entstand im Unterricht wieder eine Art störungsfreier Raum. Wenn ich vor einer Klasse stand, wurde mein Kopf frei. Ich dachte analytisch, konnte Denkvorgänge abschließen und mich voll und ganz auf die Schüler konzentrieren. Mir ist bis heute nicht klar, warum ich die Gedanken ausgerechnet in diesen Momenten zum Verstummen bringen konnte. Vermutlich ist es eine Frage der Hirnkapazität. Man kann nicht als Lehrerin präsent sein und gleichzeitig den Einflüsterungen des Ohrwurms lauschen. Heute glaube ich, man hätte diese Erkenntnis therapeutisch nutzen können. Warum kam meine Haarspray-Psychologin nicht auf die Idee, gemeinsam mit mir zu erforschen, in welchen Momenten es mir gut ging? Wir redeten immer nur über die Defizite und mein Unvermögen, endlich gesund zu werden. Genau genommen lief damals vieles gut. Sowohl im beruflichen als auch im privaten Bereich. Obwohl meine Beziehungsängste immer noch voll da waren, arrangierte ich mich. Ben und ich, wir lebten unseren Alltag wie jedes andere Paar auch. Wenn der Ohrwurm an meiner Seele nagte, vergoss ich ein paar Tränen. Dann atmete ich tief durch, und weiter ging es. Es gab keine Endlosdiskussionen, keine offen formulierten Fragen mehr. Meine Seele lief nicht mehr über wie ein volles Glas Wasser. Es gab nur gute und schlechte Tage. Der Parasit war unser Haustier geworden. Er gehörte zu mir, deswegen gehörte er auch in unsere Beziehung. In vielen Momenten half mir eine einzige Umarmung von Ben mehr als zehn Therapiesitzungen.

Anderthalb Jahre nach Ausbruch der Krankheit beschlossen wir, zu heiraten. Ich erhielt keinen dieser romantischen, filmreifen Anträge, bei denen der Mann den Halbkaräter im Champagnerglas versenkt. Dafür bin ich Ben noch heute dankbar. Er verpackte die entscheidende Frage so, dass der Ohrwurm es nicht mitbekam.
Es war im Frühsommer. Wir standen im Flur unserer Altbauwohnung. Ben wollte sich gerade von mir verabschieden, war schon fast zur Tür hinaus. Im letzten Moment drehte er sich um und fragte, ob ich mir vorstellen könne, seine Frau zu werden. Mein Gehirn funktionierte in dem Moment für einen kurzen Augenblick normal. Kein Zögern, kein Hadern, kein Abwägen – und keine Angst. Es gab nur ein Ja. Ohne Wenn, ohne Aber. »Und bring noch frische Milch mit!« Er nickte, lächelte und ging.
Sollte es so einfach sein? War ich in der Lage, den Ohrwurm auszutricksen? Jein. Einerseits war es wirklich ein Kinderspiel, sich zu verloben. Aber das Tier gab nicht so schnell auf. Natürlich versuchte es, mich von dem gefassten Plan abzubringen. Aber das gelang ihm nicht. Ich spürte das große Glück. Es war direkt vor mir, wie das Aufleuchten einer Kerze in der Nacht, wie ein warmer Kachelofen an einem Winterabend. Ich würde Bens Frau werden. Vielleicht würde ich doch irgendwann unsere gemeinsamen Kinder zur Welt bringen.
In den folgenden Wochen riss ich die kompletten Festvorbereitungen an mich und organisierte alles generalstabsmäßig. Obwohl es eine kleine Feier werden sollte, wollte ich, dass alles perfekt wurde. Mein zukünftiger Mann ließ mich gewähren, denn er ahnte, dass das meine Strategie war, um auf Kurs zu bleiben. Ich wollte Ben. Ich wollte ihn nach allem, was wir gemeinsam erlebt

hatten, sogar mehr denn je. Die Hochzeit war meine Chance, dem Wurm eins auszuwischen. Das Jawort sollte der Welt beweisen: Ich bin mir sicher. Ich kann auch ganz normal sein. Denn das, was mich seit langer Zeit quält, ist alles nur in meinem Kopf.

Ich dachte damals viel über unsere gemeinsame Zukunft nach. Obwohl ich ahnte, dass das Gedankenkarussell nicht durch eine Unterschrift auf dem Standesamt zum Stillstand kommen würde, hoffte ich es dennoch. Immerhin war so eine Hochzeit etwas Endgültiges. Zumindest in meinem Wertesystem. Wenige Tage vor dem großen Ereignis schaffte es der Parasit dann doch noch, mich zu verunsichern. Er flüsterte mir ein: »Was bedeutet es, wenn du vor der Standesbeamtin versehentlich Nein sagst?« Das machte mir Angst. Ich übte insgeheim vor dem Garderobenspiegel »Ja, ich will!« zu sagen. Daheim gelang mir das problemlos. Obwohl ich unbeschreiblich aufgeregt war, schaffte ich es dann auch bei der Trauung. Als nach der Zeremonie meine Patentante zu mir kam und meinte, ich hätte im entscheidenden Moment gezögert, lief es mir eiskalt den Rücken herunter. Der Ohrwurm jauchzte vor Freude. War das nicht der Beweis dafür, dass ich eigentlich nicht hatte heiraten wollen? Während ich mit dem Gedankendämon einen stummen Kampf ausfocht, lächelten mir die Gäste zu und hoben ihre Gläser auf unser Glück. Wollte ich etwa an meiner eigenen Hochzeit in Tränen ausbrechen? Wollte ich nicht. Deswegen versuchte ich, Ordnung in mein Gefühlschaos zu bringen. Fakt war, dass ich diese kleine Pause beim Jawort bewusst gemacht hatte, um das Wörtchen in meinem Kopf vorzuformen. Wie gesagt, es hätte mir in der Hektik auch ein Nein entschlüpfen können. Auf diese Art konnte ich mich beruhigen, das Fest ging weiter.

Am Tag nach der Hochzeit lagen wir träge in den Liegestühlen auf unserem kleinen Balkon. Ich fühlte mich wie ein Schlauchboot, an dem jemand das Ventil geöffnet hatte. Meinem Mann ging es nicht besser. Der Ohrwurm war wohl nach der Feier, die bis tief in die Nacht gegangen war, immer noch im Vollrausch. Doch schon am zweiten Tag merkte ich, dass er noch da war. Das Biest schickte mir die altbekannten Fragen. Was wäre, wenn ich meinen Freund – ich korrigiere – meinen Angetrauten nicht mehr lieben würde? Kurzum, alles wie gehabt. Bis auf ein kleines, aber feines Detail: Der Gedanke machte mir nicht mehr so viel aus, denn Heiraten war ja Gott sei Dank für die Ewigkeit. Meine Seele entspannte sich augenblicklich ein klein wenig. Da ich nun einen Ring am Finger trug, war die Chance, dass ich einfach so davonlaufen und dadurch mir und ihm das Herz brechen würde, etwas kleiner geworden.

Wenige Wochen später erhielt Ben ein attraktives Jobangebot aus der Schweiz. Vielleicht war das die Möglichkeit, alles hinter mir zu lassen und neu zu starten. In einem Land, in dem ich nicht ständig Gefahr lief, alte Bekannte aus der Psychiatrie zu treffen. In einem Land, in dem niemand meine Krankenakte kannte. In einem Land, in dem mich nichts an die schlimmste Zeit meines Lebens erinnerte. Obwohl meine Eltern von der Auslandsidee nicht sonderlich begeistert waren, beschlossen Ben und ich, den großen Schritt zu wagen. Wir kündigten den Mietvertrag unserer Wohnung, verschenkten den größten Teil unserer Studentenmöbel, bestellten noch ein neues Sofa und freuten uns auf das Abenteuer. Ich quittierte meinen Dienst, ohne eine neue Anstellung in der Schweiz gefunden zu haben. Zum ersten Mal seit meiner Kindergartenzeit kam ich aus dem Hamsterrad des Lebens heraus. Da Ben bei seinem neuen Arbeitgeber gut verdienen würde, konnte ich es mir erlauben, einfach nur zu sein.

Mein Mann siedelte einige Wochen vor mir in die Schweiz über und bezog eine nagelneue Viereinhalbzimmerwohnung. Ich beendete noch das Schuljahr und reiste ihm dann nach. Als ich über die Grenze fuhr, kam das Fieber. Mit letzter Kraft schaffte ich die verbleibenden Kilometer. Ich hatte das Gefühl, der ganze Kummer der letzten Jahre würde mich zu Boden drücken. Als ich endlich am Ziel war, wankte ich die Treppen zu unserem Appartement hoch. Ich sank auf die wunderschöne neue Couch, die schon geliefert worden war. Von dort aus betrachtete ich die braunen Umzugskisten, und versuchte, sie mit Willenskraft auszupacken. Das funktionierte nicht. Ich musste akzeptieren, dass mein Körper den Notausschalter gedrückt hatte. Nach sieben Tagen mit vierzig Grad Celsius Fieber schleppte ich mich zu einem Arzt, der Wochenenddienst hatte. Der untersuchte mich gründlich, konnte aber keine Ursache finden. Heute glaube ich, dass das Fieber nur ein Zeichen für den Systemneustart war, den mein Körper, mein Geist und vor allem meine Seele brauchten. Interessanterweise erlaubte ich mir diese Krankheit, denn immerhin war sie körperlicher Natur. Am neunten Tag kehrten meine Kräfte zurück. Zeit, endlich alles einzurichten.

Aus heutiger Sicht kann ich kaum fassen, dass ich es mir damals zutraute, in ein fremdes Land zu gehen. Die Sache mit dem Auswandern wäre auch für psychisch weniger verletzliche Menschen eine Herausforderung. Vielleicht ging es anfangs gut, da ich keine Verpflichtungen hatte. Ich verbrachte viel Zeit mit Nichtstun. Keine Termine mehr, keine Aufgaben mehr – und das alles ohne schlechtes Gewissen. Das fühlte sich gut an. Der Ohrwurm machte offensichtlich auch Ferien, denn er verhielt sich ruhig.

Ich dachte, nun sei ein guter Moment, das Medikament auszuschleichen. Als Depressionspatientin wusste ich zwar um das mögliche Rückfallrisiko, aber das konnte ja nicht bedeuten, dass ich nun lebenslang diese Tabletten schluckte. War es nicht auch so, dass es meine Pflicht als gute Patientin war, es ohne die kleine Pille zu schaffen? Man hatte mir damals in der psychiatrischen Klinik versichert, dass die medikamentöse Therapie zwar ein bis zwei Jahre durchgeführt werden müsse, dass dann aber nichts gegen einen Absetzversuch spreche. Also gut. Ich begann ganz vorsichtig und reduzierte von einer auf eine halbe Tablette. Das klappte problemlos. Keine Nebenwirkungen, keine Dramen im Kopf. Nach einiger Zeit nahm ich die halbe Tablette nur noch jeden zweiten Tag. Keine Veränderung. Irgendwann war das Medikament abgesetzt. Alles in Butter. Vielleicht gab es ja doch noch Hoffnung, dass es mir langfristig wieder so wie vor der Krankheit gehen würde.

Das ging ungefähr sechs Wochen lang gut. Dann blieb meine Regel aus. Das war ein Novum, denn gewöhnlich konnte man die Uhr nach meinem Zyklus stellen. Zugegeben, wir hatten das Thema Verhütung seit dem Umzug etwas schleifen lassen. Das macht man nur, wenn man weiß, dass man mit den möglichen Konsequenzen leben kann. Der Zeitpunkt hätte auch gepasst, ein Kind wäre bei uns willkommen gewesen. Ich hatte (noch) keine neue Anstellung und nahm kein Antidepressivum mehr. Das, was ich mir seit Jahren gewünscht hatte, war nun zum Greifen nah. Gut möglich, dass in meinem Bauch ein kleines Wesen heranwuchs. Mein Parasit war vermutlich eifersüchtig, denn er schickte mir den passenden Gedanken: Was wäre, wenn ich das Ungeborene in meinem Bauch mit einem Messer erstechen würde?

Obwohl meine Menstruation mit zweitägiger Verspätung eintraf, konnte ich mich nicht mehr von der Idee lösen, ich hätte dem unschuldigen Kind, das nie existiert hatte, schaden wollen. Ich schämte mich unendlich und fiel mal wieder ins Bodenlose. Was war ich nur für ein Monster? Offensichtlich hasste ich das imaginäre Baby so sehr, dass ich es töten wollte. Ich konnte nicht mehr essen, nicht mehr schlafen, weinte ohne Unterbrechung und in meinem Kopf hämmerte der neue schlimme Gedanke. Damals wusste ich, dass ich so nicht weiterleben konnte. Ich dachte zwar noch nicht an Selbstmord, stand aber definitiv wieder mit einem Bein in der Psychiatrie.

Dass ich dringend Hilfe brauchte, war klar. Doch ich befand mich in einer fremden Umgebung. Ich hatte keinen Psychiater, noch nicht einmal einen richtigen Hausarzt. Mein Mann nahm auch dieses Mal das Heft in die Hand, griff zum Telefonbuch und suchte einen x-beliebigen Psychiater in unserer Gegend heraus: Dr. Ritter, Psychiater und Psychotherapeut.

Ich wählte seine Nummer. Das Freizeichen. Es knackte in der Leitung, dann erwachte ein Anrufbeantworter zum Leben. Ich sprach mit zitternder Stimme aufs Band. Ich weiß nicht mehr, was ich gesagt habe. Es müssen die richtigen Worte gewesen sein. Dr. Ritter rief mich binnen Minuten zurück. Als ich am nächsten Tag in seiner Praxis saß und ihm meine Geschichte erzählte, hörte er aufmerksam zu. Er stellte Fragen und machte sich jede Menge Notizen. Das Entlassungsschreiben der Klinik, von dem ich eine Kopie dabei hatte, interessierte ihn nur am Rand. Ich erhielt mein altes Medikament wieder, sollte mich täglich bei ihm melden und ihn in wenigen Tagen wieder treffen. So ging das zwei Wochen. Der Tablettenwirkstoff kam langsam da an, wo er gebraucht wurde. Der Nebel aus Angst und Verzweiflung lichtete sich langsam. Irgendwann fragte ich Dr. Ritter, wie er meine Situation einschätze. Um ehrlich zu sein, hätte ich die Frage, nachdem ich sie ausgesprochen hatte, gerne sofort wieder zurückgenommen. Ich fürchtete mich vor neuen, noch schlimmeren Krankheiten. War ich, wenn ich einen Moment glücklich war, vielleicht an der Schwelle zur Manie? Oder doch schizophren? Noch bevor der Arzt antworten konnte, überspielte mich meine Frage und galoppierte zum nächsten Thema. Doch Herr Ritter ließ sich nicht so leicht täuschen. Er kam konsequent auf meine Frage zurück. Dann geschah etwas Erstaunliches. Der Arzt und Therapeut stellte die alles überspannende Diagnose »Endogene Depression« infrage. »Auf mich wirkt das wie eine Zwangsstörung«, sagte er.

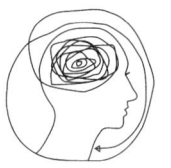

Bitte was? Ich hielt es kaum aus, dass er in diese Richtung dachte. Offensichtlich wurde mein Fall immer komplexer. Mein Gehirn summierte diese neue, potenziell extrem bedrohliche Krankheit zur Depression und dem Dauerkrebs. Alles in mir sträubte sich. Nein, ich durfte nicht zulassen, dass dieser Psychiater mir einen neuen Ohrwurm einpflanzte. Ich schaffte es schlicht und ergreifend nicht mehr, noch an einer weiteren Front zu kämpfen. Deswegen begann ich zu grübeln. Nun dachte ich nicht nur nur über Messer und tote Babys, sondern auch über die neue Verdachtsdiagnose nach. Konnte es sein, dass ich eine weitere fürchterliche Krankheit hatte? Nein, das konnte nicht sein, denn:

Ich wusch mir die Hände nur nach dem Gang zur Toilette oder wenn ich vom Einkaufen zurückkam. Aber sonst? Keine Putzmittelorgien. Gut. Das sprach dagegen.

Ich war nicht die Allerordentlichste. Menschen mit Zwängen räumen doch ihr Leben lang auf, oder? Sie ordnen alles nach einem mysteriösen System. Ich hatte meine vielen Bücher mal

nach Farben sortiert, aber das konnte ja wohl nicht krankhaft sein, oder?
Ich schaltete den Herd niemals aus, um ihn zur Sicherheit nochmals anzustellen, damit ich ihn wieder ausschalten konnte. Ich hatte keinen Kontrollzwang. Hatte ich nicht, oder?
Während meines Studiums hatte in meinem Wohnheim ein Jurastudent gewohnt, der definitiv zwanghaft war. Jedes Mal, wenn er sein Appartement verlassen hatte, hatte er die Tür auf- und zu-, auf- und zu-, auf- und wieder zugesperrt. Das ging minutenlang so. Erst nach zig Wiederholungen konnte er gehen. Nein, ich hatte Krebs, ich hatte diverse andere schwere Leiden, ich hatte den grässlichen Ohrwurm – aber definitiv keinen Zwang. Ob Dr. Ritter überhaupt ein guter Arzt war? Wie kam er dazu, so eine absurde Idee zu entwickeln? Die Ironie des Ganzen blieb mir damals verborgen.
Ohrwürmer sind schreckliche Gesellen. Dauernd muss man sich ihnen widmen und nach ihrer Pfeife tanzen. Manchmal ist es aber gut, so ein Tier zu haben. Ich hätte nie gedacht, dass es so weit kommen würde, aber dieses eine Mal brachte mir das Vieh Glück. Nicht das große Alles-ist-wunderbar-Gefühl, sondern eine winzig kleine Genugtuung. Der Ohrwurm weigerte sich nämlich, mich die Sache mit dem Zwang vergessen zu lassen. War es möglich, dass ich eine Zwangsstörung hatte? War das möglich? Ich eine Zwangsstörung? Ich wollte das auf keinen Fall. Deswegen setzte ich mich an den Computer, um Gründe zu finden, die den Verdacht widerlegten.
Ich landete auf der Homepage der Deutschen Gesellschaft für Zwangserkrankungen. Mein Herz pochte. Jetzt durfte nichts schiefgehen. Das Manöver sollte einzig dem Zweck dienen, den

Ohrwurm ruhigzustellen. Wenn ich aber nicht aufpasste, dann fütterte ich ihn mit schlimmen Details und Horrorszenarien.
Ich begann zu lesen. Als ich den Bildschirm nach unten scrollte, zitterte meine Hand so, dass die Maus ganz hektisch über die Mattscheibe rannte. Mitten im Abschnitt des Menüs »Diagnose« hielt ich inne. Ich traute meinen Augen nicht, las dieselbe Stelle immer und immer wieder. Die Tränen traten mir in die Augen. Dieses Mal war es keine Angstreaktion, bei der sich meine Gedärme verkrampften. Das Gegenteil war der Fall. Mir fiel ein Zentnerstein vom Herzen. Die Person, die diese Details zur Zwangsstörung zusammengestellt hatte, musste ein Hellseher sein. Sie beschrieb den Ohrwurm nämlich in allen Facetten. Der korrekte Fachbegriff lautet »Zwangsgedanke«. Der Parasit in meinem Kopf hatte endlich einen Namen. Natürlich las ich weiter. Ich musste mich erst an die neue Erkenntnis gewöhnen. Zwangsstörung, Störzwang, Zwangskrankheit, Krankheitszwang.

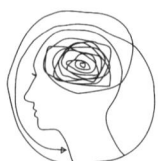

Ich habe eine Zwangsstörung. Obwohl ich das nun seit acht Jahren weiß, klingt es für mich immer noch fremd und bizarr. Wenn man Leuten erzählt, man sei depressiv, dann kann sich jeder etwas darunter vorstellen. Bei Zwängen fallen den meisten nur seltsame Verhaltensweisen ein. Sigmund Freud vertrat die Auffassung, Zwangspatienten hätten als Kind nicht gelernt, ihren eigenen Stuhlgang loszulassen. Sie alle seien verkniffene Charaktere: penibel, ordnungsliebend, sparsam, starrsinnig. Ich vermute, dass es keine seelische Erkrankung gibt, die einen schlechteren Ruf hat.

Wenn ich in Situationen komme, in denen eine gewisse Grundinformation zu meinem gesundheitlichen Status fließen muss, entscheide ich mich ohne mit der Wimper zu zucken für die halbe Wahrheit: Ich sage, ich hätte immer mal wieder Depressionen. Das ist zwar nicht sexy, aber es ist gesellschaftsfähig. »Ich habe eine Zwangserkrankung« klingt hingegen schauderhaft. Es erinnert an Zwangsjacke, Zwangsmaßnahme, Zwangsernährung. Im englischsprachigen Raum nennt man mein Leiden »OCD«.

Das steht für »Obsessive Compulsive Disorder«. Also in etwa »Störung, bei der aufdringliche Gedanken, die Angst auslösen, und Handlungen, die diese Angst mindern sollen, zentral sind«. Das beschreibt es viel exakter.

Was die Diagnose in meinem Fall schwieriger gemacht hatte, war die Tatsache, dass ich keine Zwangshandlungen ausführte. Ich versuchte, die beunruhigenden Gedanken, die dauernd durch meinen Kopf peitschten, auf mentale Weise »einzufangen«. Ich grübelte oder argumentierte gegen die jeweiligen Zwangsgedanken an. Meistens stundenlang. Viele Betroffene entdecken irgendwann in ihrer Krankheitsgeschichte quasi per Zufall, dass die Angst zumindest vordergründig neutralisiert wird, wenn sie ihr bizarre Rituale entgegenstellen. Der Mitstudent mit dem Absperrtick hatte vor allem ein gedankliches Problem. Sein persönlicher Ohrwurm flüsterte ihm vermutlich etwas in der Art ein: »Wenn du die Tür nicht richtig absperrst, kommt sicher der böse Einbrecher und verwüstet alles.« Der arme Kerl mühte sich deswegen so lange mit dem Schloss ab, da seine Angst erst abnahm, wenn er die Tür 23 Mal gesichert hatte. Vielleicht war die 23 seine Glückszahl.

OCD hat die unterschiedlichsten Gesichter. Es gibt Fachleute, denen die Fantasie fehlt, die unfassbar vielen Erscheinungsformen als das zu entlarven, was sie sind: Zwänge. Mein erster lebensgefährlicher Ohrwurm bezog sich auf meinen damaligen Freund und heutigen Mann. Wer sich mit OCD auskennt, der weiß, dass es immer wieder Betroffene gibt, die ihre Beziehung ins Zentrum des Zwangs stellen. In England existiert für diese Fokussierung sogar eine Unterkategorie: Relationsship-OCD, also Beziehungs-OCD. Könnte es sein, dass ich meinen Partner nicht mehr liebe?

Könnte es sein, dass er mich nicht mehr liebt? Auch verbreitet ist die Variante: Könnte es sein, dass ich mein Kind nicht mehr liebe? Das wäre übrigens ein klassischer Wochenbettdepressionsgedanke, aber dazu später mehr. In den Lehrbüchern und den populärwissenschaftlichen Ratgebern findet man aber vor allem die gängigeren »Muster«. Sehr typisch sind zum Beispiel aggressive Impulse: Ich könnte einen Menschen überfahren, ich könnte ein Tier verletzen, ich könnte mein Kind erstechen. Zentral sind auch sexuelle Zwangsimpulse und -gedanken: Ich könnte jemanden vergewaltigen oder ein Kind missbrauchen, ich könnte jemandem in den Schritt greifen.

Zwangspatienten haben Angst davor, Tabus zu brechen. Was genau ein »verbotener« Gedanke ist, ist von Mensch zu Mensch verschieden. Gläubige Menschen fürchten sich davor, beim Gottesdienst zu fluchen, besonders Zartbesaitete haben Angst, ihre Liebsten zu ermorden und so weiter. Der Ohrwurm kann immer dann andocken, wenn eine Idee besonders weit von der eigenen Grundeinstellung entfernt ist. Insofern sagt ein Zwangsgedanke auch etwas über den Menschen aus.

Was selbst viele Psychiater und sonstige Therapeuten nicht ahnen, ist, wie absurd und vielschichtig Zwangsgedanken sein können. Wer sich sklavisch an den Katalog häufiger Zwangsgedanken hält, der entlarvt nur die Hälfte der Obsessionen. Umgekehrt gilt, dass jede Therapie auf den Patienten maßgeschneidert werden muss, da es mehr Zwangsvarianten als Sand am Meer gibt. Wenn die Betroffenen unterschwellig das Gefühl haben, dass ihr Zwang vielleicht doch keiner ist, da er so exotisch daherkommt, ist das kontraproduktiv. Aus meiner Erfahrung ist es wichtig, sich mit der Diagnose zu identifizieren. Das Zweifeln gehört zur

Krankheit dazu. Umso wichtiger ist es, dass die Menschen, die eigentlich helfen sollen, nicht noch mehr Unsicherheiten verbreiten. Die Befürchtung, homosexuell zu sein, wird übrigens oft als typischer Zwangsgedanke beschrieben. An dieser Obsession hätte man meinen Parasiten schon bei Ausbruch der Erkrankung dingfest machen können. Hätte ich damals nur mehr gewaschen und sortiert.

Als ich Dr. Ritter das nächste Mal sah, berichtete ich von meinem Durchbruch. Dann nahm ich all meinen Mut zusammen und erzählte von all den verwerflichen Dingen, die mich in den letzten Jahren gedanklich verfolgt hatten. Ich versuchte, die Scham auszublenden und erwähnte jedes noch so grässliche Detail. Mein Arzt war nicht schockiert. Ich hätte damit gerechnet, dass er sofort die Polizei ruft oder mich zumindest mit einem Medikament ruhigstellt, aber nichts geschah. Am Schluss der Sitzung lächelte er ermutigend: »Zwangserkrankungen erzeugen einen enormen Leidensdruck. Umso wichtiger ist es, dass Sie Ihren Ohrwurm nun von einer anderen Seite kennenlernen. Je mehr Sie über ihn und seine Gewohnheiten wissen, umso besser können Sie ihn in Schach halten.«

Natürlich habe ich mich immer und immer wieder gefragt, warum ich erst meine Heimat verlassen musste, um die Wahrheit über mein Leiden zu erfahren. Gibt es in dem Alpenland eine bessere psychiatrische Versorgung als in Deutschland? Ich glaube nicht, dass man das grundsätzlich sagen kann. Ich hatte einfach Glück, dass ich auf einen Psychiater traf, der sich nicht von dem geballten Wissen einer psychiatrischen Universitätsklinik abschrecken ließ und es wagte, die ursprüngliche Diagnose infrage zu stellen. Dass jedoch viele niedergelassene Psychologen und Ärzte mit den

besten Absichten psychisch Kranke behandeln, ohne über ein ausreichendes Wissen zu verfügen, liegt für mich auf der Hand. Ob angehenden Psychiatern bewusst ist, dass die Seelen ihrer Patienten keine festen Konturen haben, dass es keine eindeutigen Kategorien gibt, in die man die Menschen einsortieren kann?
In den folgenden Wochen las ich alles, was ich zum Thema finden konnte. Ich arbeitete Fachbücher durch, bestellte mir Wissenschaftsartikel, beschäftigte mich mit Erfahrungsberichten, kontaktierte Selbsthilfegruppen und wurde in einem Forum für Zwangsbetroffene aktiv. Bei mir war ein Damm gebrochen. Endlich kam ich zu den Informationen, die so wichtig waren, um den Kampf gegen den Ohrwurm effektiver gestalten zu können. Plötzlich sah ich viele Dinge in einem anderen Licht.
Parallel dazu nahm ich zum ersten Mal eine angemessene Medikamentendosis. Zwangspatienten profitieren ebenso wie Depressive von Selektiven Serotoninwiederaufnahmehemmern. Sie benötigen aber eine ungefähr doppelt so hohe Dosis. Bis heute weiß niemand, warum diese Medikamente auch gegen Gedankenzwänge wirken. Zumal es viele Wochen dauert, bis sich ihre Wirkung voll entfaltet. Manche Wissenschaftler vermuten, dass die Arznei zu einer anatomischen Veränderung im Gehirn führt. Vielleicht bilden sich nach und nach mehr Synapsen. Es ist ein bisschen so, als würde man kleine Tore in eine lange Mauer einbauen. Vereinfacht gesprochen hätte ein Zwangspatient nun eher die Möglichkeiten, Zwangsgedanken an sich vorbeiziehen zu lassen.
Ich arbeitete intensiv mit Dr. Ritter. Es war keine dieser Gesprächstherapien, bei der man mal über dieses und mal über jenes plaudert. Der Arzt und ausgebildete Verhaltenstherapeut half mir

dabei, das Phänomen der Zwangsgedanken besser zu erfassen. Wir sezierten gemeinsam den pathologischen Mechanismus, der banale Ideen in Obsessionen verwandelt.

Interessanterweise sprachen wir nur selten über konkrete Zwangsinhalte. Das, so meinte der Fachmann, sei in meinem Fall sekundär. Womit er recht hatte. Homosexualität, Krebs, Tierquälerei – meine Zwangsgedanken waren sehr verschieden, setzten mir aber alle gleichermaßen zu. Müsste ich beschreiben, wie es sich anfühlt, mein Gehirn zu haben, würde das so klingen: Mein Gehirn ist zu wachsam. Es macht aus lästigen Mücken monströs große Elefanten. Es schafft es nicht, sich von all den Sorgen und Ängsten zu distanzieren. Schlimmer noch, es kann nichts vergessen. Alles, was mich je belastet hatte, ist fein säuberlich in meinem Kopf abgelegt. Ganz zu schweigen von den vielen Querverbindungen, die oftmals vollkommen intuitiv geknüpft worden sind. Rot ist Blut ist Tod ist Friedhof ist Großvater ist Trauer ist Weide ist ein schlechter Baum. Obwohl es zum ersten Mal, seit ich richtig krank geworden war, auch aus subjektiver Sicht bergauf ging, hatte ich große Probleme, mir zu vergeben. Ich war eine Versagerin, mein Gehirn hatte mich hintergangen, hatte mich im Stich gelassen, spielte mir Streiche. Ich träumte immer noch von dem Moment, in dem die reinen Gedanken zurückkehren würden und ich wieder unschuldig werden würde.

Dr. Ritter holte mich diesbezüglich auf den Boden der Tatsachen zurück. Er sorgte dafür, dass ich endlich zur Kenntnis nahm, dass alle Menschen hin und wieder aufdringliche Gedanken hatten. Er glaubte nicht daran, dass ich vor der Erkrankung nur die passenden Dinge zur passenden Zeit gedacht hatte. »Wenn unser Denken schrankenlos abläuft, was der Regelfall ist, dann kommen uns zwischen all den sinnvollen Passagen auch immer wieder merkwürdige Gedanken in den Sinn«, pflegte er zu sagen. Sein Lieblingsbeispiel war die Sache mit dem Lenkrad. »Fragen Sie ruhig in Ihrem Bekanntenkreis herum! Vor allem Autofahrer kennen diesen kurzen Impuls, während der Fahrt das Steuer herumzureißen und in den Gegenverkehr zu steuern.«

Damals, als meine Krankheit endlich Konturen gewann, kontaktierte ich auch Frau Berger, die mich zwei Jahre zuvor in der Psychiatrie aufgenommen hatte. Ich mailte ihr, dass ich nun endlich wisse, wie meine Krankheit heiße, und dass die Depression, wegen der ich behandelt worden war, eine Folge davon gewesen sei. Ich fragte sie, ob sie damals nie an eine Zwangserkrankung gedacht habe. Und ob sie sich noch an meine Angst vor einer möglichen Homosexualität erinnern könne. Frau Berger antwortete. Sie schrieb, sie habe sich meine Akte extra nochmals kommen lassen. Ja, man hätte damals auch in die Richtung denken können. Es sei aber nicht so eindeutig gewesen, da die Depression so ausgeprägt war. Außerdem müsse ich die Sache positiv sehen. Immerhin hätte ich doch schon viel erreicht. Ich hätte meine Ausbildung trotz allem abgeschlossen, hätte geheiratet und wäre sogar ausgewandert. Das war ein schwacher Trost. All die Momente, in denen ich im Stillen geweint und mich schlecht gefühlt hatte, all die Augenblicke, in denen ich ohne Hoffnung war, zogen wie ein endloses schwarzes Band vor meinem inneren Auge vorbei. Ja, es stimmte. Ich hatte mein Leben wieder aktiv gestaltet. Ich hatte es aber nicht gelebt.

Die Ärztin bestätigte so indirekt meine Einschätzung, dass in psychiatrischen Kliniken selten Zeit für Feindiagnosen ist. Ich bin kein nachtragender Mensch. Ich glaube aber daran, dass wir alle aus Erfahrungen lernen können. Deswegen schrieb ich Frau Berger ein zweites und letztes Mal: »Würden Sie bitte zukünftig bei anderen Patienten an die Möglichkeit denken, dass hinter der Depression ein Ohrwurm sitzt?«

Es liegt in der Natur des Menschen, sehr schnell die Frage nach dem Warum zu stellen. Da ich gewissermaßen auf Fragen spezialisiert war, kam dieser Moment sehr schnell. Mich interessierte, warum es gerade mich getroffen hatte. Zum ersten Mal machte für mich der Blick in die Kindheit Sinn. Nicht, um mögliche Leichen auszugraben, sondern um verstehen zu können, warum ich an einem bestimmten Punkt meines Lebens angefangen hatte, meine Gedanken zu ernst zu nehmen.

Wie bereits erwähnt kam ich aus einer Familie mit einer langen Depressionstradition. Doch wie sah es mit Zwängen aus? Es scheint eine bedeutende genetische Komponente zu geben. In manchen Familien tritt die Krankheit vermehrt auf. Man kann sich das so vorstellen: Nicht der Zwang an sich wird vererbt, sondern die Verletzlichkeit, in Krisensituationen zwangstypisch zu reagieren. Je mehr ich über die Krankheit erfuhr, desto stärker wurde mein Verdacht. Ich kannte eine Person, die allem Anschein nach perfekt in das Muster passte: meinen eigenen Vater.

Mein Papa war und ist ein komischer Kauz. Obwohl ich ihn als

Kind über alles liebte, blieb er mir immer ein wenig fremd. Ich verstand nicht, was ihn antrieb. Es gibt unzählige Anekdoten, die ich heute in einem anderen Licht sehe. Jedes Mal, wenn wir in den Campingurlaub fuhren, konnte er die Nacht zuvor kaum schlafen. Er befürchtet nämlich, etwas Wichtiges vergessen zu haben. Nach dem Aufstehen kontrollierte er den Stapel mit den Reisedokumenten. Einige Minuten später wiederholte er das. Dann fuhren wir los, um nach circa zehn Kilometern rechts ranzufahren. Nun musste meine Mutter alle Unterlagen zum dritten Mal durchsehen. Erst, wenn die Pässe, Führerscheine und Versicherungsunterlagen wirklich beisammen waren, konnte der Urlaub beginnen.

Vaters Ferienritual begann genau genommen schon Tage vorher. Er präparierte mein Elternhaus einem exakten Plan folgend. Nach und nach wurden alle Elektrostecker gezogen. Dann drehte er die Ventile der Hauptleitungen zu und löschte die Flamme im Boiler. Das wäre vermutlich alles noch normal. Dann kamen aber die bizarren Schritte: Er deinstallierte die komplette Stereoanlage und den Videorekorder und trug die Elektrogeräte auf den Speicher. Dort hatte er ein Geheimversteck gebaut, in das er die Wertgegenstände stellte. Dieser »Tresor« befand sich in drei Metern Höhe unterm Dach. Man musste einige Bretter von der Holzdecke lösen, dann konnte man eine Klappe öffnen und dort kamen die Geräte hinein. Anschließend wurde alles ordentlich verschlossen. Ein Fremder hätte nie geahnt, dass oben, direkt unter der Decke, unsere Elektrogeräte – die sicherlich nicht besonders wertvoll waren – vor potenziellen Dieben versteckt standen.

Ich erinnere mich auch an eine Zeit, als mein Vater nächtelang wach lag, da er sich vor einem möglichen Einbrecher fürchtete.

Häuser führen mitunter ein Eigenleben. Es knarzt und knarrt, es klackert und knackt. Für uns Kinder und unsere Mutter war das alles normal. Papa war beunruhigt. Deswegen schlief er wochenlang mit einem Schlachtermesser neben dem Kopfkissen. Eines Nachts lief ich ihm auf dem Weg zur Toilette in die Arme. Er war sehr aufgeregt und zitterte am ganzen Leib. In der Hand hielt er das Messer. Er hatte einen Verbrecher gehört. Vermutlich, so sagte er, wäre es nur irgendein Geräusch, aber er war sich eben nicht zu hundert Prozent sicher. Während ich diese Zeilen schreibe, muss ich lächeln. Das klingt unbeschreiblich absurd. Ich kann aber gut nachvollziehen, welche Angst er ausgestanden haben muss. Das, was ihm sein Gehirn angeboten hatte, musste ein Horrorfilm erster Güte gewesen sein.

Ich bin mir mittlerweile sicher, dass mein Vater auch einen Ohrwurm hat. Sein Tierchen ist insbesondere auf das Ordnen von Dingen fixiert. Bei uns daheim gibt es seit Jahren nur eine Art, wie die Spülmaschine eingeräumt werden darf. Als Teenager machte ich mir manchmal einen Spaß daraus, die Messer und die Löffel zu vertauschen. Dann legte ich mich auf die Lauer und beobachtete meinen Vater, wie er verzweifelt versuchte, die alte Einteilung wiederherzustellen. Ich weiß nicht, vor was genau er sich fürchtete. Tatsache ist, dass ihn die Ordnung in der Spülmaschine seelisch entlastete.

In Stressphasen sortierte er nicht nur Besteck und Teller, sondern bestand auch darauf, dass bestimmte Dinge nach einem gewissen Schema gemacht werden mussten. Für ihn gab es nur eine zulässige Art, Salat zu waschen. Und nur eine Stelle, an der man den Griff an der Glasvitrine anfassen durfte. Papa fürchtete sich vor Fingerabdrücken. Es ging nicht um Bakterien oder Dreck. Er war der Ansicht, dass die Abdrücke die glänzenden Oberflächen unerträglich entstellten. Auch, wenn ich mich an der einen oder anderen Stelle über ihn lustig machte, so versuchte ich dennoch in den meisten Fällen, ihm bei seiner Mammutaufgabe zu helfen.

Als ich ungefähr acht Jahre alt war, verordnete er mir eine bestimmte Art zu schlucken. Wenn ich neben ihm saß und mein Getränk so trank, wie kleine Kinder trinken, verlor er regelmäßig die Fassung. Er hasste es, wenn ich laut schluckte. Wir übten gemeinsam, bis die Flüssigkeit meine Kehle hinablief, ohne ein Geräusch zu verursachen. Einen ähnlichen Kampf focht er mit den Joghurtbecher-Kratzern in unserer Familie aus. Jeder von uns, der die Reste vom Becherboden abschabte, riskierte einen Wutausbruch des Familienoberhauptes. Interessanterweise habe ich das übernommen. Ich halte es fast nicht aus, wenn ein Mensch in meiner Umgebung in einem bereits geleerten Joghurtbecher herumfuhrwerkt.

Mein Vater ist ein sehr pflichtbewusster, sorgfältiger Mensch. Wir Kinder waren immer sicher bei ihm. Er scannte die Umgebung schon aus der Ferne auf mögliche Gefahren hin ab. Wir durften nie am Gehwegrand stehen. Seine Argumente klangen logisch: Wenn ihr dort wartet, kommt ein Auto und fährt euch an, reißt euch mit, schleudert euch durch die Luft und … Diese Gedankenkette führte zu teilweise grotesken Situationen. Wir standen mit Papa öfter am Zebrastreifen, doch die Autos rauschten vorbei, da wir viel zu weit vom Bordstein entfernt waren. Auch das habe ich übernommen. So wie unzählige andere Dinge. Rolltreppen machen mir seit meiner Kindheit Angst. Ich habe schlimmste Bilder im Kopf, in denen Kinderfinger in die

Fugen der letzten Stufe eingezogen und dort zermalmt werden. Entworfen wurden diese Szenarien von meinem Vater. Er muss all die gruseligen Dinge, die theoretisch passieren können, sehr plastisch und mit Nachdruck geschildert haben. Warum sonst hätte ich das übernehmen sollen?

Es gibt unzählige Ängste, die ich direkt auf meinen Vater zurückführen kann. Er benutzte und benutzt, wenn er mit dem Auto unterwegs ist, beispielsweise immer nur den rechten Rand der Fahrspur, da er sich vor einem Frontalzusammenstoß mit einem entgegenkommenden Wagen fürchtet. Ich bin auch eine Grabenfahrerin geworden. Papa hatte abgesehen von dem Rechtsfahrtick auch immer übermäßig viel Respekt vor Radarfallen. Logisch, dass mir die Dinger ebenfalls Angst machen. Es geht nicht um den Blitz. Das Problem ist, dass die Geräte Regelüberschreitungen dokumentieren. Es gab eine Zeit, in der ich von dem Gedanken besessen war, ich würde ohne es zu wollen über eine rote Ampel fahren und dabei ertappt werden. Deswegen mied ich alle Strecken, an denen fest installierte Radarfallen standen. Sicher war schließlich sicher.

In unserer Familie ging es oft darum, nicht im negativen Sinn aufzufallen. Wenn meine Mutter ein Protokoll für falsches Parken erhalten hatte, drehte mein Vater fast durch. Das wäre ihm nie passiert. Fehler machten schließlich nur die anderen. Er dachte immer alle Schritte intensiv durch, sodass mögliche Probleme bereits im Vorfeld erkannt werden konnten. Wenn dann doch mal etwas schiefging, dann litt er. Eines Tages flatterte ein unangenehmer Brief vom Steueramt ins Haus, da Papa vergessen hatte, die Steuerunterlagen rechtzeitig einzureichen. Er fand nächtelang keine Ruhe.

Ich bin mir übrigens sicher, dass er – sollte er dieses Buch jemals lesen – Höllenqualen leidet. Obwohl alles anonymisiert ist, wird er davon überzeugt sein, dass sein komplettes Umfeld a) das Buch liest und b) sofort auf ihn schließen wird. Man darf über schlechte Dinge nicht sprechen, sonst hat das fürchterliche Folgen.

Ich kürze das ab. Was ich sagen will: Mein eigener Vater hat zumindest eine zwanghafte Persönlichkeit, wenn nicht sogar eine milde Zwangsstörung. Das war bisher nicht behandlungsbedürftig. Vielleicht auch, weil die ganze Familie seit Jahrzehnten mitzwängelt. Bei uns daheim ging es immer darum, Papa bei Laune zu halten.

Es gibt aber Anzeichen dafür, dass sich das Problem ausgeweitet hat. Vater wird in letzter Zeit von starken Krankheitsängsten geplagt. Neulich beim Check-up sagte der Arzt zu ihm: »Wo wir Sie gerade dahaben, schauen wir alles genau an.« Das genügte ihm, um zu fürchten, der Doktor würde eine Tumorerkrankung bei ihm vermuten. Mein Vater geriet in einen unbeschreiblichen Alarmzustand. Meine Mutter erzählte mir, er habe sich auch Tage, nachdem die unauffälligen Befunde zurück waren, nicht von dem Gedanken lösen können, etwas Schlimmes zu haben.

Vaters spezielle Sicht auf die Dinge hat mich mit Sicherheit geprägt. Das alleine ergäbe schon eine gute Erklärung auf die Frage, warum ich so krank geworden bin. Man legte mir aber von zwei Seiten Dinge in die Wiege. In der Familie meiner Mutter nimmt man sich die Dinge traditionell sehr zu Herzen. Dort sind die Leute sehr empfindsam. Ich habe dieses übersensible Nervensystem geerbt. Ich höre, um es in ein Bild zu kleiden, die Ameisen husten. Das ist nicht ausschließlich negativ. Diese Feinfühligkeit ermöglicht es mir, besonders empathisch zu sein. Ich spüre sehr schnell, wenn etwas mit den Menschen in meinem Umfeld nicht stimmt. Leider richten sich meine unzähligen Sensoren und Antennen auch auf mein Inneres. Mein Gefahrendetektor produziert Fehlalarme am laufenden Band. Ein Zwicken im Knie? Krebs! Ein schlimmer Gedanke? Ich bin ein niederträchtiger Mensch.

Die letzte Komponente, die das Bild abrundet, ist mein Hang zum Perfektionismus. Gut ist nicht gut genug. Auch das wurde mir so vorgelebt. Als ich mein erstes Staatsexamen (sehr gut!) in der Tasche hatte, fuhr ich zu meinen Eltern. Ich weiß nicht, mit was ich gerechnet hatte. Vermutlich mit Lob. Das war schon immer der Motor, mit dem mein Selbstbewusstsein angetrieben wurde. Ich saß also am Küchentisch und erzählte von meinem ausgezeichneten Abschneiden. Mein Vater blickte mich irritiert an: »Wir haben nichts anderes erwartet.« Wenn ich jetzt schreibe, er meinte es vermutlich nicht böse, dann ist das meine Strategie, ihn nicht in schlechtem Licht dastehen zu lassen. Wir Kinder wurden immer davor gewarnt, dass wir unser Nest nicht beschmutzen durften. Unter keinen Umständen. Nachdem ich bereits sechs Wochen in der Klappsmühle war und seitdem fast ohne Unterbrechung Psychopharmaka nehme, schätze ich, dass ich es hier sagen darf: Ich fand es zum Kotzen, wie er mir zu meinem Abschluss gratuliert hat.

Ich habe eine Zwangsstörung und ich weiß auch warum. Es ging nicht erst in jener Novembernacht los, als mich der Ohrwurm zum ersten Mal so richtig verletzte. Das wurde mir im Nachhinein klar. Dieser Parasit lebte schon viel länger in meinem Bewusstsein. Es begann, als ich ungefähr sieben Jahre alt war. Damals praktizierte ich viele magische Rituale, die allesamt nur einem Zweck dienten: Sie sollten meine Familie schützen. Ich setzte mir Ziele wie »Nur fünf Schritte bis zur Haustür brauchen« oder »Ohne Atemzug die Butter aus dem Kühlschrank holen können«. Wenn ich das schaffte, war alles gut. Falls nicht, musste ich in einem irrwitzig hohen Tempo mental die Namen all der Menschen in meinem Leben aufzählen, die es zu schützen galt: Mama, Papa, Schwester, Oma, Opa, andere Oma, anderer Opa, Tante, Onkel, Cousinen, Tante, Onkel, Cousins usw. Der Familienzauberspruch begleitete mich noch weit in mein Erwachsenenleben hinein. Nach und nach wurden neue Menschen in das Ritual integriert, während andere nicht mehr von meinem Schutzzauber profitierten.

Dass Kinder häufig zwanghaft sind, ist bekannt und nicht ungewöhnlich. Ich hatte zwar diese vielen Befürchtungen, es könnte etwas Schreckliches passieren, aber es belastete mich kaum. Das änderte sich schlagartig, als ich meine Eltern beim Sex ertappte. Wenngleich es das Wort »ertappen« kaum trifft. Ich war vielleicht acht oder neun Jahre alt und stand vor der abgeschlossenen Tür zum Elternschlafzimmer. Es drangen seltsame Geräusche an mein Ohr. Ich rüttelte am Türgriff und rief »Mama, was ist los? Bist du krank? Tut dir etwas weh?« Plötzlich wurde mir klar, dass sie keine Schmerzen hatte. Ich war schockiert und schämte mich gleichzeitig in Grund und Boden.

Irgendwann öffnete sich die Tür. Da stand ich in meinem Sternchennachthemd, barfuß, heulend. Meine Mutter reagierte sehr verständnisvoll und versuchte mir zu erklären, dass das ganz normal sei, dass Eltern miteinander schliefen. Mein Vater war hingegen verärgert. Er meinte, ich hätte sie absichtlich belauscht. Von da an fürchtete ich mich vor den Nächten. Ich zog mir jeden Abend die Bettdecke über die Ohren und hoffte inständig, ich würde keine verdächtigen Geräusche hören. Ohne es zu wollen, war ich zur Spannerin geworden. Eine enorme Belastung für ein Kind, das in die zweite oder dritte Klasse geht und bisher dachte, Sex diene einzig der Fortpflanzung.

Ich bin heute davon überzeugt, dass damals der Ohrwurm in mein Leben kroch. Mein erster echter Zwangsgedanke ging ungefähr so: »Kann es sein, dass ich absichtlich hinhöre, wie meine Eltern miteinander schlafen?« Ich war mir nicht sicher. War das möglich? Falls ja, dann hatte ich allen Grund, mich zu schämen. Zu den Schamgefühlen gesellten sich Schlafstörungen. Mein Vater erkannte nicht, in welcher Notlage ich war. Er unterstellte mir weiterhin, ich würde bewusst auf der Lauer liegen. Das Ganze gipfelte darin, dass ich nachts die Toilette nicht mehr benutzte, sondern auf den kleinen Flickenteppich pinkelte, der vor dem Bett lag. Die Angst, beim Gang zum WC als »Spionin« ertappt zu werden, war zu groß. Als meine Mutter Wochen später den Uringeruch in meinem Zimmer bemerkte, ging sie der Sache auf den Grund. Sie fand den bereits faulenden Läufer, der schon auf den darunterliegenden Spannteppich abgefärbt hatte. Das Geschrei war groß. Ich weiß bis heute nicht, ob sie mein Verhalten auffällig fand.

Damals konnte ich mir keinen Reim auf das Ganze machen. Ich hatte dem Psychologen Stur, der mich fast zu Tode therapiert hatte, von der Begebenheit erzählt. Für ihn hatte die Episode einen hohen pathologischen Wert. Er dachte aber vor allem an verdrängte Triebe. Er wollte wissen, ob ich als Erwachsene in der Lage sei, ein erfülltes Sexualleben zu führen. War ich. Unter uns: Sigmund Freud kann mich mal. Ich war damals noch ein Kind. Es ging bei der Sache um nichts Sexuelles. Ich hatte einfach nur unbeschreiblich viel Angst, etwas Verbotenes zu tun und gewissermaßen überführt zu werden.

Der Parasit beruhigte sich, als ich ein Zimmer im neu ausgebauten Dachgeschoss meines Elternhauses erhielt. Da ihm aber schnell langweilig wurde, suchte er sich irgendwann ein neues Betätigungsfeld. Meine erste schlimme Krankheitsangst hatte ich ungefähr mit zehn Jahren. Damals machte mein Hüftgelenk beim Laufen ein seltsames Geräusch. Ich konnte es nicht zuordnen, wusste aber, dass meine Großmutter gerade schon die zweite Hüftprothese bekommen hatte. War es möglich, dass ich nun auch neue Gelenke brauchte? Die Idee fraß sich in meinem Bewusstsein fest. Ich lief wochenlang nur in Schonhaltung, um das merkwürdige Klicken an der Hüfte zu vermeiden. Irgendwann hatte ich meine Mutter so weit, dass sie mich einem Orthopäden vorstellte. Der fand das Ganze vermutlich eher schräg und erklärte mir, das Geräusch komme von einem Band, das sich über dem Gelenk befinde. Das sei vollkommen normal und würde im Laufe des Wachstums wieder verschwinden. Als wir wieder heimfuhren, war die Hüfte geheilt.

Ein, zwei Jahre später glaubte ich, Krampfadern zu haben. Unsere Nachbarin hatte erzählt, sie habe gelesen, dass das auch junge Frauen in der Pubertät treffen könne. Ich inspizierte jede einzelne Vene an meinen Beinen und war mir fast sicher, dass ich nun eine komplizierte Operation durchführen lassen musste, bei der die Venen wie Spaghetti aus den Beinen gezogen wurden. Einen ähnlichen Eingriff hatte meine Großmutter ebenfalls machen lassen. Der Venenspezialist, der meine Beine untersuchte, staunte nicht schlecht, als ich ihm sagte, was ich zu haben glaubte.

So ging das lange Zeit weiter. Dauernd hatte ich ein kleines, aber mit Sicherheit behandlungsbedürftiges Gebrechen. Es war nie Krebs, aber ich musste trotzdem immer zum Arzt.

Als ich 15 Jahre alt war, gab der Parasit zum zweiten Mal Gas. Ich stand mit meiner Mutter an der Bushaltestelle. Wir warteten. Ein anderer Passant lief auf uns zu. Er war stark behindert. Obwohl wir ihn nicht kannten, stellte er sich direkt vor uns und fragte meine Mutter, wie alt ich sei. Sie antwortete. Da lachte er: »In dem Alter muss man schon gefickt haben.« Ich zitterte, mein Magen drehte sich. Meine Mutter merkte von all dem nichts. Sie blieb ruhig, da ihr der Behinderte leid tat. Ich konnte aber von da an nicht mehr unbeschwert mit dem Bus fahren.

Calanda, der Psychiatrieoberarzt sagte ein Mal zu mir, wer angstfrei sei, dem mangele es eindeutig an Fantasie. Ein wunderbarer Spruch. Und so wahr. Mein Gehirn ist eine reich gefüllte Schatzkiste. Ich kann ohne mit der Wimper zu zucken binnen Sekunden einen Albtraum herbeidenken. Nach der Episode mit dem Behinderten sah ich immer wieder Bilder vor mir, wie ich von ihm festgehalten und vergewaltigt wurde und mich nicht wehren konnte. Mir war klar, dass das nur in meinem Kopf war, aber das half nicht gegen die Angst. Damals tat ich das, was schon früher funktioniert hatte: Ich vermied alle Situationen, die potenziell gefährlich waren. Ich fuhr nur noch mit dem Bus, wenn es sich nicht vermeiden ließ. Ein Mal stieg ich mitten im Nichts aus, weil er eine Station zuvor zugestiegen war. Es dauerte nicht lange, und ich fürchtete mich vor allen Behinderten. Der Ohrwurm ließ mich erst wieder durchatmen, als ich drei Jahre später den Führerschein in den Händen hielt.

Zwangsbefürchtungen sind in der Regel unrealistisch und stark übertrieben. Sie verzerren die Realität auf groteske Weise. Doch es gibt kaum eine Regel, zu der es nicht auch eine passende Ausnahme gibt: Vor wenigen Monaten erfuhr ich per Zufall, dass eben jener stadtbekannte Behinderte, den ich damals so gefürchtet hatte, seit einiger Zeit inhaftiert ist. Er wurde zu mehreren Jahren Gefängnis verurteilt. Wegen Kindesmissbrauch. Ich habe dieses Wissen auf einer metakognitiven Ebene in mein Gedankenarchiv einsortiert. Man kann eben niemals sicher sein.

Ich habe eine Zwangsstörung. Obwohl ich es nicht für möglich gehalten hätte, kann man mit dieser Krankheit relativ normal leben. Es ist eine Illusion, zu glauben, irgendwann würde wieder alles so wie früher werden. An diese Erkenntnis habe ich mich im Laufe der Jahre gewöhnt. Von meinem Kinderwunsch wollte und konnte ich mich aber nicht verabschieden. Es dauerte lange, bis ich mir diesen Schritt zutraute. Durch die neue Diagnose war klar, dass ich lange, möglicherweise sogar für immer, auf das Medikament angewiesen sein würde. Zwangsstörungen sind nämlich nur manchmal heilbar. Zumindest im klassischen Sinn. Der Zwang ist – positiv gesagt – Teil der Persönlichkeit. Im negativen Sinne ist er eine Krankheit, gegen die ein Kraut gewachsen ist. Mit Medikamenten und Therapien kann man lernen, mit ihm umzugehen.

Ich wäre eine schlechte OCD-Patientin, hätte ich mir nicht genau in dem Moment schon Gedanken darüber gemacht, wie meine Medizin zu einer Schwangerschaft passte. Die Vorstellung, das schutzlose Ungeborene einem psychoaktiven Wirkstoff auszusetzen, machte mich fast wahnsinnig. Ich steckte in einem Dilemma. Einerseits wollte ich nur das Beste für mein Kind. Doch was war das Beste? Ein Medikament während der Schwangerschaft, damit die Kindsmutter nicht total durchdrehte vor Angst? Oder kein Medikament, um den schutzlosen Embryo nicht zu schädigen? Wer garantierte mir, dass das Mittel überhaupt auch in einer Schwangerschaft funktionieren würde. Mir kamen augenblicklich wieder die Erinnerungen in den Sinn, als ich fürchtete, mir ein Messer in den Bauch zu rammen. Eigentlich war die Antwort klar: So jemand wie ich durfte keine Kinder in die Welt setzen. Ich litt wie ein Hund, dachte sogar über eine Adoption nach. Ben kannte die Hölle, durch die ich ging. Für ihn hatte die Familiengründung deswegen keine Priorität. Er wünschte sich vor allem, dass es seiner Frau gelingen würde, psychisch stabiler zu werden. Das war vielleicht die wichtigste Voraussetzung für Plan »B«. Nach einem Jahr Nichtstun wurde mir klar, dass ich wieder eine Aufgabe brauchte. Zurück in die Schule wollte ich nicht. Da ich während meines Studiums als Reporterin bei einer Regionalzeitung gejobbt hatte, setzte ich nun alles auf diese Karte und versuchte mein Glück in der Medienbranche. Mit etwas Glück gelang es mir, eine Festanstellung bei einer Zeitung zu ergattern. Die Arbeit tat mir gut. Ich hatte wieder einen störungsfreien Raum gefunden. Die Sehnsucht nach einem Kind wuchs im Laufe der Zeit ins Unermessliche. Manchmal versuchte ich, das Verlangen zu stillen, in dem ich in einem Babyfachmarkt die unzähligen Wagenmodelle zur Probe vor mir herschubste. Wenn mich eine der Verkäuferinnen dabei »ertappte« und mich beraten wollte, dann faselte ich etwas von »ganz am Anfang« und huschte davon. Ich verschwieg Ben diese Ausflüge, da ich mich auch dafür schämte.

In der Anonymität des Internets lernte ich Mütter kennen, die während ihrer Schwangerschaft und nach den Geburten ihrer Kinder mit psychischen Problemen zu kämpfen hatten. Obwohl mein Uterus leer war, nahmen mich die Frauen wie eine der ihren in ihrer Mitte auf. Sie schienen meinen Schmerz zu verstehen.
Wenn es um die Themen Schwangerschaft und Psyche geht, halten sich zwei Vorurteile besonders hartnäckig:
1. Seelische Krisen treten – wenn überhaupt – dann erst nach der Entbindung auf. Schwangere haben das Glück gewissermaßen abonniert.
Diese Annahme ist falsch. Fakt ist, dass viele werdende Mütter psychisch instabil sind. Abgesehen davon, dass die Hormone der Frauen neun Monate lang verrückt spielen, lastet ein enormer Erwartungsdruck auf ihnen. Sie sollen und wollen alles richtig machen. Wer ein Kind austrägt, der muss von innen her strahlen. Ängste und Zweifel in Bezug auf die bevorstehende Mutterschaft sind in unserer Gesellschaft unangebracht. Heutzutage ist eine Schwangerschaft ein biografischer Höhepunkt. Wenn die eigenen Gefühle dem Ungeborenen gegenüber zweideutig sind, löst das Verunsicherungen bei werdenden Mamas aus. Gefährdet sind nicht die hemdsärmeligen Frauen, sondern die besonders feinfühligen, die eine hohe Erwartungshaltung an sich selbst haben.
2. Psychische Problem rund um die Geburt münden meist in einer Depression.
Auch das ist nur die halbe Wahrheit. Es stimmt, dass viele Mütter niedergeschlagen und traurig sind. Andere haben Angst- oder Erschöpfungszustände. Oft wird aber übersehen, dass auch Zwangsgedanken die Ursache für Verstimmungen sein können.

Die Obsessionen drehen sich vor allem um die Sicherheit des Kindes. Jeder, der schon einmal ein Neugeborenes gehalten hat, weiß, wie wichtig es ist, es richtig zu stützen und es ja nicht fallen zu lassen. Die Natur hat das klug eingerichtet. Schließlich sind diese hilflosen Wesen unsere Zukunft. Wäre der menschliche Beschützerinstinkt schwächer ausgeprägt, würden viele Mütter ihre plärrenden, stinkenden Bündel schon nach kurzer Zeit am Straßenrand ablegen und alleine weiterlaufen. Wenn man diesem Gedanken folgt, erhalten Zwangsgedanken sogar einen Sinn. Sie sind so eine Art Lebensversicherung. Wir Menschen denken nicht gerne: Jetzt werfe ich das Baby in den reißenden Fluss. Alles in uns sträubt sich gegen diesen Impuls.

Schwangere oder Wöchnerinnen stehen unter Dauerstrom. Überall lauern potenzielle Gefahren für das Kleine, die es abzuwenden gilt. Wenn man berücksichtigt, dass junge Mütter häufig perfektionistisch veranlagt sind, entsteht ein idealer Nährboden für Zwangsgedanken. Was wäre, wenn ich mein Kind versehentlich verletzen, es vom Wickeltisch schubsen oder vor ein Auto werfen würde? Das Gedankenkarussell kann sich auch wie in meinem Fall schon vor der Empfängnis zu drehen beginnen. Was wäre, wenn ich mir selbst in den Bauch stechen würde, und so das Ungeborene töten würde? Hand aufs Herz! Sind das Gedanken, die man dem Partner, der Hebamme oder dem Arzt anvertraut? Eher nicht, würde ich meinen.

Alle diese Erkenntnisse konnten mir aber die wichtigste Entscheidung nicht abnehmen. Ich näherte mich dem Problem von einer rationalen Seite. Erst galt es, in Erfahrung zu bringen, ob das Medikament den Embryo in seiner Entwicklung gefährden könnte.

Wenn es um die Frage der Medikamentenverträglichkeit in der Schwangerschaft geht, antworten viele Laien reflexartig. Nein, Medikamente sind in jedem Fall schlecht. Diese sehr undifferenzierte Sichtweite findet sich zuweilen sogar in Arztpraxen oder in Krankenhäusern. Mein Psychiater wusste zwar, dass ich mein Medikament vermutlich die ganze Schwangerschaft hindurch nehmen durfte, Genaueres konnte aber selbst er mir nicht sagen.

Ich hörte zufällig von »Embryotox«, einem Berliner Beratungszentrum, das sich mit der Verträglichkeit von Medikamenten in Schwangerschaft und Stillzeit beschäftigte. Dort rief ich an. Die Frau am Telefon konnte mir weiterhelfen. Sie hatte kurz einige statistische Fragen und wollte auch meine Adresse. Wenn ich meine Arznei wirklich nehmen würde, während ein Kind in meinem Bauch wuchs, wollte Embryotox als Gegenleistung nach den neun Monaten wissen, ob ich ein gesundes Baby zur Welt gebracht hatte. Und natürlich auch, ob es während der Schwangerschaft zu Problemen gekommen war. Die Frau versicherte mir mehrmals, dass meine sensiblen Daten später ohne Namensnennung ausgewertet würden. Für mich war das in Ordnung. Das Gespräch verlief gut. Vielleicht half es, dass die Frau mich nicht sehen konnte. Wahrscheinlicher ist aber, dass sie gut geschult war. Als ich ihr sagte, dass ich eine Zwangsstörung hatte, sagte sie nicht: »So jemand wie sie sollte kein Kind bekommen.« Sie redete mir auch nicht ins Gewissen, wie es andere Leute in meinem Umfeld getan hatten. (»Du darfst auf keinen Fall Tabletten nehmen, wenn du schwanger bist.«) Für sie war es gut und wichtig, dass ich meine Medizin nicht einfach absetzte, sondern mich erst informierte. Nach der Beratung konnte ich eine Teilentscheidung treffen. Es sprach wenig gegen eine SSRI-Einnahme während der

Schwangerschaft. Die Fachfrau hatte mir aber einen Wechsel des Präparats nahegelegt: »Mit dem Alternativprodukt können Sie Ihr Kind später auch bedenkenlos stillen.« Das klang gut.

Ich besprach mich später mit meinem Psychiater, der sehr interessiert zuhörte. Er verschrieb mir sofort das verwandte Medikament. Dann legte er ein Informationsblatt für seine Akten an. »Damit ich, wenn ich das nächste Mal eine junge Patientin mit Kinderwunsch habe, schon gleich zu Beginn das am besten mit einer Schwangerschaft vereinbare Mittel verordnen kann.« Das beeindruckte mich sehr. Es war vielleicht das erste Mal seit Beginn meiner Krankheit, dass ein Experte meine Hilfe angenommen hatte, dass ich einem Arzt auf Augenhöhe begegnete.

Nun hatte ich die richtige Diagnose, das richtige Medikament in der richtigen Dosis und das Okay der Fachleute. Wir gaben uns noch einige Monate Zeit, denn ich wollte vor dem großen Schritt so stabil wie möglich sein. Im Herbst wagten wir es. Als einige Wochen später meine Menstruation ausblieb, schaffte ich es, gelassen zu bleiben. Keine Messer, keine toten Embryonen, keine unerträgliche Gefühlsflut. Ein Test musste nun für Sicherheit sorgen. Ich weiß es noch, als wäre es gestern. Ich saß auf der Toilette und tunkte den Schwangerschaftstest in einen Plastikbecher mit Urin. Ich war aufgeregt, wollte keinesfalls einen Fehler machen. Dann legte ich den Test auf das Fensterbrett. Nun hieß es warten. Früher als gedacht erschien auf dem Display das blaue Kreuzchen. Schwanger! Der Ohrwurm zog mich Richtung Schlucht, zeigte nach unten und sagte: »Spring!« Ich wusste, jetzt gibt es zwei Wege. Der eine führt in die Hölle, der andere ins Leben. Ich weiß nicht, warum ich es damals geschafft habe, aber ich entschied mich für die zweite Variante. Ich kam aus dem Bad heraus, lief zu Ben, wedelte mit dem Test und sagte nur ein Wort:

»Baby«. Noch am selben Tag begann ich, das Kinderzimmer einzurichten. Anfangs zwar nur in Gedanken, aber das ist meine Strategie, wenn der Weg holprig wird: Ich plane und organisiere, um mich zu beruhigen.

Was genau das alles bedeutete, wurde mir erst in den nächsten Wochen bewusst. Anfangs war der Gedanke, dass in meinem Bauch etwas wuchs, fremd und abstrakt. Manchmal hatte ich große Angst, in anderen Momenten war ich überglücklich. Das englische Wort »thrilled« trifft es am besten. Es ist ein bisschen wie auf dem Jahrmarkt. Manche Fahrgeschäfte machen uns Angst – und trotzdem genießen wir den Ritt auf den Teufelsmaschinen.

Vor der Schwangerschaft hatte ich auch versucht, Antworten auf eine andere Frage zu finden: Wie würde es mir unter dem Einfluss der Hormone gehen? Würden die vielen Botenstoffe den Ohrwurm einlullen, ihn besänftigen? Oder würde er zu einem riesigen Monster heranwachsen und mir die Lebensenergie rauben? Die Datenlage zu diesem Problem ist nicht eindeutig: Die meisten Frauen erleben eher eine Verschlechterung während der Schwangerschaft. Ein kleinerer Teil fühlt sich hingegen fast gesund. So oder so – ich war auf das, was kommen würde, gefasst. Die Schwangerschaftshormone fluteten meinen Körper. Ich hatte den ganzen Tag Hunger, schlief wie ein Baby, ich weinte während der Waschmittelwerbung und mein Bauch wuchs. Es war eine wunderbare Zeit. »Da hast du aber Glück gehabt«, sagte der Ohrwurm und vergaß nicht, einen Satz hinterherzuschieben: »Warte nur ab, vielleicht ändert sich bald alles.«

Ich hasste das Tier, ich hasste die Art, wie es mit mir umging. Die Angst, doch instabil zu werden, hing wie eine dunkle Wolke über meinem Glück. Ungefähr in der Mitte der Schwangerschaft lernte ich meine Krankheit von einer weiteren Seite kennen. Damals dachte ich nur noch sehr selten über meine sexuelle Orientierung nach. Die Endlosgedanken über meinen Beziehungsstatus waren ebenfalls fast verstummt.

In dieser Zeit langweilte sich der Ohrwurm sehr, denn er suchte krampfhaft nach einem neuen Hebelpunkt. Er fand ihn. Während der großen Ultraschalluntersuchung – es muss um die 23. Schwangerschaftswoche herum gewesen sein – machte die Gynäkologin eine beiläufige Bemerkung. Sie sagte: »Das rechte Nierenbecken Ihres Kindes ist zu klein, das könnte auf eine Fehlbildung hindeuten.« Von dem Moment an formten sich Obsessionen neuer Art. Nun stand die Gesundheit des Ungeborenen im Zentrum. Ich zermarterte mir das Gehirn, und malte mir Horrorszenarien aus. Es endete immer gleich: Mein Kind war schwer krank. Dieser Gedanke war unerträglich. Ich verwandelte mich von einem auf den anderen Moment von einer ruhigen, in sich ruhenden Schwangeren in ein Nervenbündel. Mein Kind war krank und ich konnte ihm nicht helfen. Früher hatte ich gefürchtet, ich könne dem Baby schaden, jetzt hatte ich Angst, ich könne ihm nicht genug helfen. Je mehr die Liebe zu dem kleinen Wesen wuchs, desto verletzlicher wurde ich. Ich hatte zwar gelesen, dass Zwangspatienten auch um das Wohl nahestehender Menschen fürchten, aber dass das auch bei Föten möglich war, erschien mir bizarr. Nach einigen Wochen Angst löste sich die vermeintliche Fehlbildung in Luft auf. Beim nächsten Ultraschall sahen die kindlichen Nieren vollkommen normal aus.

Doch irgendwie war durch den Fehlalarm etwas in mir zerbrochen. Ich hatte zum ersten Mal erlebt, wie eng ich mit dem Wesen in meinem Bauch verbunden war. Das eröffnete dem Ohrwurm ganz neue Möglichkeiten. Noch heute ist es so, dass ich jedes Mal, wenn mein Kind hustet, eine Lungenentzündung vermute. Und wenn es über Kopfweh klagt, fürchte ich, es könnte eine Hirnhautentzündung haben. Glücklicherweise steuert mein Mann gegen.

In den letzten Wochen bis zur Geburt fühlte ich mich ausgelaugt und überfordert. Als dann auch noch die Geburt in einem Notkaiserschnitt endete, hätte sich niemand über einen Zwangsschub gewundert. Doch nichts geschah. Das kleine Menschlein in meinen Armen war perfekt. Es hielt vom ersten Moment mein Herz in seinen kleinen, runzligen Händen. Ben und ich, wir konnten unser Glück kaum fassen.

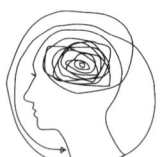

Wenig später machte ich mich selbstständig. Als freie Journalistin reise ich quer durch die Schweiz und veröffentliche meine Texte regelmäßig in wichtigen Magazinen. Trotzdem blieb mir Zeit für mein Kind. Damals lebten das Kleine und ich in einer symbiotischen Beziehung. Meine Liebe zu dem Wesen war unbeschreiblich tief und frei von jeglichen Zweifeln. Vielleicht war das damals die glücklichste Zeit meines Lebens. Der Ohrwurm war jedenfalls auf Miniaturgröße geschrumpft. Immer, wenn der Parasit mir einen schlechten Gedanken anbot, gelang es mir recht gut, ihn zu ignorieren.

Nach einem Jahr wünschten Ben und ich uns ein Geschwisterchen für unser Kind. Wir planten die zweite Schwangerschaft so, wie wir die erste geplant hatten. Als der Test erneut positiv ausfiel, fühlte ich mich befreit. Mein Lebenstraum, in dem immer auch Kinder vorkamen, ging in Erfüllung. Ich nahm mir fest vor, das zweite Baby genauso in mein Herz zu schließen wie das erste. Leider meldete sich meine Krankheit zurück. Vielleicht waren die Schwangerschaftshormone Schuld, vielleicht der Stress mit dem

Kleinkind. Während wir uns auf die Ankunft des neuen Babys vorbereiteten, formte sich in den unendlichen Weiten meines Gehirns eine neue Zwangsbefürchtung. Ich merkte nichts davon. Oder ich verdrängte erfolgreich. Die neuen Fragen lauteten so: Was wäre, wenn ich das Neugeborene nicht angemessen lieben könnte? Hier die zugehörigen Variationen: Was wäre, wenn ich im Stress des Wochenbetts die starke Bindung zu meinem ersten Kind verlieren würde? Wenn ich beide im Stich lassen würde? Vermutlich sind das Gedankengänge, die viele Mütter kennen. In meinem Fall war es aber nicht so einfach, zur Tagesordnung überzugehen. Die Angst wucherte still in meinem Bewusstsein vor sich hin. Ich verstaute meine schlimmen Gedanken in meinem Gehirnarchiv und hoffte, ich würde sie nicht mehr wiederfinden. Dann kam mein zweites Kind zur Welt. Als ich es zum ersten Mal im Arm hielt, wusste ich für einen Moment, dass alle Befürchtungen falsch waren. Ich konnte die Magie des Augenblicks jedoch nicht festhalten. Der Zweifel nistete in meinem Herz.

Direkt nach einer Entbindung sind wir Frauen besonders empfänglich für Signale aus unserer Umgebung. Dieses entwicklungsgeschichtlich uralte Programm läuft ab, damit wir keine Gefahr in der Umgebung des Neugeborenen verpassen. In Kombination mit Schlafmangel, Erschöpfung und einer Neigung zu Zwängen ergibt sich ein explosives Gemisch. In meinem Fall entzündete eine Assistenzärztin die Zündschnur. Sie besuchte mich auf der Entbindungsstation, um mir zu sagen, ein Testergebnis meines Babys unmittelbar nach der Geburt wäre merkwürdig. Ich wusste anfangs gar nicht, wovon sie sprach, aber dann fiel der entscheidende Satz: »Der PH-Wert Ihres Kindes war schlecht. Wir würden jetzt nicht von einer Hirnschädigung während der Geburt ausgehen, verstehen Sie mich nicht falsch, aber wir fragen uns schon, warum der Wert ...« Sie redete und redete und redete. Ich hörte nicht mehr zu. In meinem Kopf hallte nur »Hirnschädigung« nach. Ich hielt das Häuflein Mensch in meinen Armen und überlegte, was sich verändern würde, wenn mein Kind behindert wäre. Da kam mir ein Ausdruck aus der Wirtschaftswelt in den Sinn: Das Baby war möglicherweise »beschädigte Ware«. Mehr brauchte ich nicht, um in Panik zu geraten. All die Ängste und Befürchtungen, die ich die Wochen zuvor verdrängt hatte, stiegen wie Luftblasen an die Oberfläche. War es möglich, dass ich das Kleine nicht lieben könnte? Als am selben Tag das größere Kind an meinem Krankenbett stand und sich weigerte, sein Geschwisterchen zu begrüßen, geriet ich in einen Strudel: Ja, möglicherweise liebte ich meine beiden Kinder nicht mehr. Ich japste nach Luft und atmete Wasser ein. Während ich am Ertrinken war, erreichte mich die Nachricht, dass mein Großvater unerwartet verstorben war.

Mein zu dem Zeitpunkt bereits unbeschreiblicher Kummer wurde noch durch ein physiologisches Problem verstärkt: Direkt nach der Geburt fehlten mir all jene Hormone, die mich während der vergangenen vierzig Wochen geschützt hatten. Der postpartale Zwangsschub war gewaltig. Ich hielt mich für die schlechteste Mutter auf Erden. Ich konnte nicht bedingungslos lieben. Und ich hatte Kinder geboren, die ich nun im Stich ließ. Eine schnoddrige Oberärztin bestätigte mich in meinem negativen Selbstbild. Sie hatte mich das Neugeborene stillen sehen. Da erinnerte sie sich daran, dass in meiner Akte etwas von einem Psychopharmakon stand. Statt mich direkt darauf anzusprechen, raunzte sie einen Assistenzarzt an, er möge doch bitte mal herausfinden, ob ich überhaupt stillen dürfe. Dass ich in dem Moment keinen Meter von ihr entfernt saß, störte sie nicht. Ich tat so, als hätte ich es nicht gehört. Obwohl ich mich bereits tief in der Krise befand, ließ ich mir in den sechs Tagen im Krankenhaus nichts anmerken. Ich wollte nicht vor den Augen der unsensiblen Ärzteschar zu eben jener Patientin werden, zu der die Aktennotiz mit dem Medikament passte. Zurück aus dem Krankenhaus fiel mein mühsam errichtetes Kartenhaus zusammen. Ich weinte rund um die Uhr, aß und trank kaum noch und dachte in Endlosschleife: Ich liebe meine Kinder nicht genug. Am dritten Tag rief ich Dr. Ritter an. Das, was ich durchmachte, war definitiv kein normaler Babyblues. Das waren mein alter Freund, der Ohrwurm, und seine gottverdammte Familie.

Mit der Hilfe meines Arztes ging es nach ein paar Wochen wieder aufwärts. Aber der Schock saß und sitzt tief. So tief, dass ein drittes Kind keine Option ist. Obwohl ich damals, als meine Welt noch heil war, immer drei Kinder wollte.

Wenn ich mich mit den Inhalten meiner Obsessionen befasse, dann fällt mir auf, dass es häufig um das Thema Liebe geht. »Was wäre, wenn ich jemandem, den ich so sehr liebe, dass es wehtut, nicht mehr genug lieben könnte?« Das ist mein ganz persönlicher Klassiker. Ich habe hierzu eine Theorie: Ich glaube, dass es eine Phase in meiner Kindheit gab, in der ich nicht so geliebt wurde, wie die Natur es vorgesehen hatte. Ich verbrachte die ersten anderthalb Lebensjahre bei meinen Großeltern. Angeblich, weil Mama und Papa noch studierten und keine Zeit für ein Baby hatten. »Es hat dir doch dort an nichts gefehlt«, pflegen meine Mutter und mein Vater immer zu sagen. Stimmt. Es hatte mir dort an nichts gefehlt. Dass ich bei Oma und Opa geliebt wurde, steht außer Frage. Ich kann jedoch nicht verstehen, wie meine Eltern mich hergeben konnten. Besser gesagt kann ich nicht nachempfinden, wie sie es schafften, sich von mir zu trennen. Als Kind hatte ich oft das unterschwellige Gefühl, ich sei unerwünscht. Meine Großmutter erzählte einmal auf einer Familienfeier, meine Mama habe damals, als ich bei Oma und

Opa lebte, den nächtlichen Fläschchendienst selbst dann meiner Großmutter überlassen, wenn sie zu Besuch war. »Ach, das musst du verstehen. Sie war einfach zu faul, nachts aufzustehen«, nahm meine Oma sie in Schutz. Ich konnte und kann das nicht verstehen. Obwohl meine Mutter mich von dem Moment, als ich endlich bei ihr und meinem Vater leben durfte, förmlich in Liebe ertränkte, blieb die Bindung zu meinen Großeltern stark. Wann immer es ging, verbrachte ich meine Ferien dort. Wenn ich dann wieder in mein normales Leben zurückmusste, hatte ich nicht selten Kummer. Bei Oma und Opa fühlte sich alles so richtig an. Wenn ich dann auf der Heimreise weinte oder bockig war, hatten meine Eltern schnell eine Erklärung: Die Großeltern hatten es tatsächlich geschafft, mich binnen zweier Wochen komplett zu verziehen. Heute finde ich es merkwürdig, dass weder meine Mutter noch mein Vater auf den Gedanken kam, dass ich traurig war.

Ich habe in den ersten zwei Lebensjahren meines ersten Kindes nicht eine Nacht getrennt von ihm verbringen können. Es ging einfach nicht. Als es vier Monate alt war, nötigte mich eine Freundin, doch mit meinem Mann auszugehen. Ben und ich, wir fügten uns. Die Babysitterin war organisiert, wir hatten uns schick gemacht, im Kühlschrank standen gefühlte drei Liter abgepumpte Muttermilch. Wenig später saßen wir, das Liebespaar, an einem perfekt gedeckten Tisch und zählten die Minuten, bis das Essen kam. Als der Ober endlich die Rechnung brachte, atmete ich erleichtert auf. Dann rasten wir zu unserem Kind zurück. Hätten wir nach der Entbindung seines Geschwisterchens ein Familienzimmer bekommen können, wir wären auch dann nicht getrennt gewesen.

Mit anderen Worten: Mir fehlt das Verständnis für die Entscheidung, die meine Eltern damals getroffen haben. Ich war ihr Wochenendkind. Doch selbst dann war ich offensichtlich nicht so, wie sie es sich vorgestellt hatten. Ich wollte immer aus ganzem Herzen lieben, wollte meine Lieben ganz fest an mich binden und sie niemals im Stich lassen. Wer solche hohen Ansprüche an sich selbst stellt, der läuft Gefahr, bei jeder Schwierigkeit an den eigenen Fähigkeiten zu zweifeln. Eine Steilvorlage für die Zwangsstörung.

Auf einer rationalen Ebene verstehe ich sehr wohl, warum ich immer fürchte, es nicht gut genug zu machen. Wenn eine neue Krise anrollt, hilft mir diese Erkenntnis aber nur wenig. Dann regiert der Ohrwurm.

Obwohl ich lange glaubte, ich könnte mir bestimmte Denkvorgänge verbieten, weiß ich heute, dass das nicht möglich ist. In dem Moment, in dem ich mich zwinge, eine bestimmte Thematik nicht mental zu bearbeiten, muss ich mich auf das Verbotene konzentrieren. Und schon ist der Versuch, keinesfalls das »Schlimme« zu denken, gescheitert. So schnell geht das.
Wenn man etwas nicht aus seinen Gedanken verbannen kann, dann sollte man versuchen, sich an die angsteinflößenden Gedanken zu gewöhnen. Die Verhaltenstherapie spricht hierbei von der »Konfrontation«. Im Kontext der Zwangsgedanken heißt das: Die schlimmen Obsessionen sollten bewusst gedacht werden, die Patienten sollten sich so oft wie möglich den Angst auslösenden Situationen stellen. Im Idealfall stellt sich ein Gewöhnungseffekt ein. Die Patienten registrieren, dass alles gar nicht so schlimm ist und können ihre Befürchtungen relativieren. Selbstverständlich habe ich ebenfalls versucht, mich meinen schlimmsten Ängsten auszusetzen. Ich habe meine Zwangsgedanken beispielsweise in Endlosschleife auf Band gesprochen und mir die Albtraum-

aufnahme stundenlang angehört. Meinen Ohrwürmern war das relativ wurscht, denn meine Seele wollte sich partout nicht an die Bandansage gewöhnen. Was in der Theorie gut klang, funktionierte zumindest bei mir in der Praxis nur bedingt. Ganz ähnliche Erfahrungen machen übrigens junge Mütter, die unter aggressiven Zwangsgedanken in Bezug auf ihr Baby leiden. Die meisten Frauen versorgen ihre Kinder trotz der psychischen Krise selbst. Sie sind so Tag und Nacht mit ihren schlimmsten Ängsten konfrontiert. Eine Gewöhnung an einen Gedanken wie »ich könnte mein Kind vom Wickeltisch schubsen«, tritt aber erstaunlicherweise nicht ein. Im Gegenteil: Ohne Hilfe wird das Grauen immer stärker, die Krise weitet sich aus. Das Einzige, an was ich mich mit der Zeit wirklich gewöhnt habe, ist die Tatsache, dass meine Krankheit immer nach demselben Muster verläuft. Mit anderen Worten: Wenn es mir dreckig geht, dann ahne ich, dass auch wieder bessere Tage kommen werden.

Ich profitiere dennoch täglich von der Verhaltenstherapie, die Dr. Ritter damals für mich maßgeschneidert hat. Es ist vor allem der Wissensvorsprung, der mich in turbulenten Zeiten über Wasser hält. Heute weiß ich, dass alle Menschen aufdringliche Gedanken haben, dass aber nur ein kleiner Prozentsatz der Betroffenen diese Gedanken zu ernst nimmt. Und, dass all die schlimmen Szenarien in den Köpfen der Patienten quasi niemals in die Tat umgesetzt werden. Ich könnte mich also entspannt zurücklehnen und mein Gehirn von der Leine lassen. Im Prinzip weiß ich nämlich: Es ist alles nur in meinem Kopf. Aber das wäre vermutlich zu einfach.

Manchmal reißt der Zwang trotz aller Vorsichtsmaßnahmen das Ruder an sich. Dann verliert mein Erfahrungsspeicher Daten. Ich vergesse, dass es so wichtig wäre, die schlimmen Gedanken an mir vorbeiziehen zu lassen. Neulich fand ich in einem Fachbuch einen interessanten Vergleich. Ich übernehme ihn gerne, da er so treffend ist: Wenn der Zwang hinterm Steuer sitzt, bin ich wie eine kleine Fußgängerin, die sich dem schweren Lastwagen entgegenstellt. Obwohl ich schon tausend Mal auf diese imaginäre Schnellstraße gerannt bin und dabei zermalmt wurde, stürme ich dennoch immer wieder vor und versuche, das Ungetüm mit ausgestreckten Armen mental zu stoppen. Natürlich gelingt mir das nicht. Ich werde über den Haufen gefahren. Zurück bleibt dann, um im Bild zu bleiben, ein Häufchen Elend. Bevor ich mich wieder aufrichten kann, donnert schon der nächste Schwertransport über mich hinweg. Wäre ich eine Actionfigur aus einem Computerspiel, dann wäre mein Energielevel immer schon nach wenigen Gefechten im roten Bereich. Das ist das Problem mit meinem Zwang. Er ist dann sehr stark, wenn ich geschwächt bin.

Der Buchautor, von dem die Lastwagenmetapher stammt, rät seinen Patienten, ab sofort nicht mehr auf die Straße zu springen. Er ermutigt sie, nur noch eine Art Verkehrszählung durchzuführen. Sobald ein Brummi am Horizont verschwindet, solle man wieder in Richtung des entgegenkommenden Verkehrs schauen. Das klingt einleuchtend. Bei Obsessionen ist nicht der Inhalt, sondern die Bewertung das Problem. Therapeuten mit wenig Erfahrung in der Behandlung Zwangskranker beißen sich schnell an den teils absurden Inhalten fest. Dabei wäre es viel wichtiger, in der Anfangsphase der Behandlung den pathologischen Mechanismus aufzuzeigen. Wenn ein Mensch glaubt, der gerade entstandene Gedanke sei unerträglich, dann hält er in absurderweise fest.

Vielleicht handelt es sich dabei um ein Relikt aus grauer Vorzeit. Aus evolutionsgeschichtlicher Sicht ist es vernünftig, mögliche Gefahren im Auge beziehungsweise in Gedanken zu behalten. Wenn ein steinzeitlicher Jäger, der gerade ins Lager seines Clans zurückkehrt, versehentlich vergisst, seinen Lieben zu sagen, dass er nur wenige Meter entfernt einen Säbelzahntiger gesehen hat, dann kann das schlimme Folgen haben.

Ein weiteres Problem, das bei der Bewältigung von Zwangskrisen auftaucht, ist die übertriebene Fokussierung auf Gefahren. Wenn sich ein unangenehmer Gedanke in meinen Kopf geschlichen hat, dann überprüfe ich in allen Momenten, ob etwas in meinem Umfeld bestätigen könnte, dass meine Befürchtungen zutreffen. Ich bleibe mit meinen Sinnen an allem kleben, was mir gefährlich erscheint. Dann sind sämtliche meiner Antennen nur noch auf dieses eine Thema ausgerichtet. Wenn die Wahrnehmung durch den Zwang eingeengt ist, dann könnte direkt neben mir eine Bombe explodieren – ich würde es nicht merken. Ich versuche in solchen Situationen, alles Zwangsrelevante exakt zu erfassen, um mich so von meinen Ängsten zu befreien. Großzügig betrachtet ist dieses Kontrollieren eine Zwangshandlung. Leider geht die Strategie manchmal nicht auf. Denn ab einem gewissen Angstlevel wird es schwer, neutrale Reize als neutral anzuerkennen. Die Angst lauert nun überall. Und es gibt kaum etwas, was die unangenehmen Gefühle einfangen kann.

Da Zwänge nicht an die Regeln der Logik gebunden sind, entstehen sehr bizarre Assoziationen und Verknüpfungen. Wenn ich Krebs habe, dann wird es mir flau im Magen, wenn im Supermarkt »Flusskrebse« im Angebot sind. Als mein erstes Kind im Sternzeichen Krebs geboren wurde, war mir ebenfalls nicht wohl dabei. Hätte es nicht noch ein paar Tage warten können? Sternzeichen Löwe wäre so viel besser gewesen. Das einzige Mittel, das in meinem Fall wirklich hilft, ist ausreichend Schlaf. Diese Art von »Wurmkur« stabilisiert mich oft innerhalb weniger Tage.

Ich habe mich schon oft gefragt, was meine Obsessionen über mich aussagen. Es gibt Zwangspatienten, die sich davor fürchten, in einer Kirche laut »Scheiße« zu sagen. Das – und ich hoffe, ich verletze jetzt niemanden – finde ich albern. Das würde mir niemals Angst einjagen. Das Beispiel zeigt aber sehr schön auf, wie sich der Ohrwurm seine Themen sucht. Wenn ich mich davor fürchte, möglicherweise homosexuell zu sein, dann spiegelt das ein stückweit meine Erziehung wider. Obwohl ich aus tiefster Seele glaube, dass jeder so leben sollte, wie er will, stößt mich die Vorstellung der gleichgeschlechtlichen Liebe ab. Ich weiß, das klingt paradox. Aber irgendwann in meinem Leben hat sich bei mir die Idee gefestigt, dass Homosexualität bedrohlich ist. Schwer zu sagen, wann das passiert ist. Es ist vermutlich wie bei einem Puzzle. Man braucht viele Teile, die zusammen ein Ganzes ergeben. Eine unangemessene Bemerkung meiner Eltern hier, ein seltsamer Film dort, eine schlechte Erfahrung – und schon hat der Ohrwurm eine Basis, auf die er bauen kann.

Wenn mich Menschen fragen, wie sich diese Krankheit anfühlt, dann erkläre ich es so: »Stell dir vor, du erlebst einen glücklichen Tag. Du erlaubst dir aber nicht, ihn zu genießen, denn du weißt, dass es große Probleme gibt, die du nicht lösen kannst. Es wäre aber eigentlich deine Aufgabe, diese Dinge aus der Welt zu schaffen. Obwohl du alles versucht hast, ist dir das nicht gelungen. Das bekümmert dich sehr, was dazu führt, dass du immer eine Grundtraurigkeit spürst. Du lebst in ständiger Angst, dein Geist könnte dich an die unbearbeiteten Baustellen erinnern. Manchmal wächst die Furcht ins Unermessliche. Es ist nämlich so, dass du diesen ungewissen Zustand, in dem Fragen offengeblieben sind, kaum aushalten kannst. Du wünschst dir, es würde eine gute Fee vom Himmel hinabschweben und dir eine hundertprozentige Garantie geben, dass deine Zweifel unbegründet sind und das Leben wieder problemlos wird. Doch woher soll das Zauberwesen kommen?« Es gibt keine Märchen. Willkommen im echten Leben!

In der Krise bietet mir der Zwang ein comicartiges Abbild der Welt an. Obwohl ich sehr genau weiß, dass es dort draußen nicht nur Schwarz und Weiß gibt, scheinen meine Ängste wie aus einem Kinderbuch zu stammen. Alles ist simpel: Es gibt Gut und Böse. Auf der einen Seite sind unzählige Gefahren und auf der anderen Seite ist mein persönliches Paradies. Das ist ein Ort, an dem alles absolut sicher ist. Abgesehen davon haben alle Lesben kurze Haare und Krebs ist immer tödlich.

Gerade jetzt keimen schon wieder weitere Zwangsgedanken in mir. Ich habe meinem Ohrwurm gesagt, dass mir bewusst ist, dass er wieder was ausheckt. Keine Ahnung, ob auch das hilft, Schlimmeres zu vermeiden. Ich kenne den Feind jedenfalls gut. Er wartet nur darauf, dass ich schwach werde.

Mittlerweile weiß ich viel über die Zwangsstörung. Die krankhaften Gedanken der Betroffenen kreisen naturgemäß um die Themen, die ihnen besonders schlimm, verwerflich, unerträglich erscheinen. Die Inhalte können sich zwar im Laufe der Zeit ändern, das Gefühl, von seinem eigene Geist gefoltert zu werden, bleibt aber gleich. Ich finde es spannend, dass manche Obsessionen komplett verschwunden sind. Ich denke heute keine Sekunde mehr daran, dass ich meinen Mann nicht mehr lieben könnte. Der Zweifel ist gewichen, die Dauerangst ist wie eine Seifenblase zerplatzt. Nun bin ich mir sicher. Ein neues, gutes Gefühl. Merkwürdig, dass ich das nicht auch mit meinen anderen Obsessionen machen kann. Die Vorstellung, dass ich die Lösung für das Problem in meinen Händen halte, setzt mich unter Druck. Warum schaffe ich es nicht, mich von den Obsessionen zu befreien? Strenge ich mich nicht genug an? Profitiere ich gar von meinen Zwangsgedanken? Die letzte Frage würde ich verneinen. Ich sehe einfach nicht, wie das funktionieren könnte. Wenn die Krankheit mich mal wieder in ihren Würgegriff nimmt, dann verliere ich binnen weniger Tage fast hundert Prozent meiner Lebensqualität. Man könnte argumentieren, dass ich dann mehr Aufmerksamkeit von meinem Umfeld bekommen würde. Spätestens, seit ich Kinder habe, ist das nicht mehr der Fall. Der Alltag läuft weiter. Ich habe mir außerdem angewöhnt, nur noch sehr wenig über die Stürme in meinem Gehirn zu reden. Das hat mehrere Gründe: Zum einen bringt mich das nicht weiter. Zum anderen verstört es die Menschen in meiner Umgebung. Ich versuche einfach zu überleben, wenn es mal wieder so weit ist.

Viele Migränepatienten sagen, sie hätten eine sogenannte Aura, also bestimmte sensorische Wahrnehmungen, bevor der eigentliche Anfall kommt. Bei mir läuft das ganz ähnlich ab. Ich sehe aber kein Flackern und habe auch keinen Sehfeldausfall. Wie so oft spielt sich wieder alles auf der gedanklichen Ebene ab. Vor einer Verschlechterung schlafe ich weniger tief, wache früher auf, bin merkwürdig aufgekratzt und fühle mich gehetzt. Es ist ein bisschen so, als müsse ich auf zehn Kinder gleichzeitig aufpassen. Egal, wie sehr ich mich anstrenge, alles scheint mir zu entgleiten. In solchen Phasen leide ich beispielsweise, wenn es bei uns daheim unordentlich ist. Dann sitze ich minutenlang auf dem Boden, um Ordnung in das Playmobil-Lego-Chaos zu bringen. Erst, wenn wieder alles an seinem Platz ist, finde ich für den Moment meine innere Ruhe wieder.

Meine »Aura« kann sich über Wochen aufbauen. Es ist mir schon unzählige Male gelungen, drohendes Unheil aufzuhalten. Konkret heißt das, dass ich jeweils sehr bewusst Stressfaktoren ausschalte. Ich cancle Termine oder nehme keine zusätzlichen journalistischen Aufträge an, wenn ich das Gefühl habe, der Zwang könnte wieder die Macht an sich reißen. In solchen

Momenten versuche ich, mir mehr Ruhephasen zu gönnen und meine Erwartungshaltung herunterzuschrauben. Wen kümmert es, wenn es zum Mittagessen Ravioli aus der Dose gibt? Und was ist so schlimm daran, die Kinder mal eine komplette Stunde fernsehen zu lassen? Eine gute Mutter wird nicht wegen einer fragwürdigen Entscheidung zu einer schlechten Mutter. Oder vielleicht doch?

Alle paar Jahre versagen meine Detektoren. Dann rase ich mit Vollgas auf den Abgrund zu. Das geht ganz schnell: Heute lebe ich ganz normal, morgen liegt meine Welt in Trümmern. Wenn ich es endlich merke, ist es zu spät. In einer Krise zieht sich das Gedankennetz binnen Tagen so weit zu, dass ich mich fast nicht mehr bewegen kann, ohne angstauslösende Situationen zu erleben. In diesen Momenten droht jedes Mal ein depressives Tief. Dann bin ich wieder das Tier, das sich tot stellt. Ich kann wochenlang kaum essen, weine pausenlos und sehe keinen Ausweg. Das kranke Denken beschäftigt mich in Akutphasen viele Stunden am Tag. Ich weiß, dass ich nicht verrückt werde, aber mein Leiden katapultiert mich in ein Paralleluniversum, in dem alles andere bedeutungslos ist. Mein Gehirn macht dann, was es will. Es gibt einen Science-Fiction-Film, in dem die Computer die Macht auf der Welt übernehmen. Plötzlich leuchten überall nur noch diese kleinen Lämpchen – und die Menschen treiben wie Backerbsen in der Suppe durch ihr kümmerliches Leben. So fühlt sich das an, wenn der Ohrwurm Gas gibt.

Es klingt absurd, aber ohne Kinder war es irgendwie leichter, die Krisen auszusitzen. Heute ist das anders. Ich bin die Hüterin eines gigantischen Kartenhauses namens Familie. Meine beiden Kinder wollen nicht nur versorgt und betreut werden. Sie brauchen

Liebe, Zuwendung, Aufmerksamkeit – und vor allem: Vertrauen. Obwohl mein Mann ein sehr engagierter und präsenter Vater ist, kann er mich nicht komplett ersetzen. Die Kinder kreisen wie Satelliten um mich. Ich würde jetzt gerne schreiben, dass nach zehn Jahren mit dieser Krankheit die Abstürze weniger schlimm geworden sind. Dass die fürchterlichen Gedanken, mit denen mein eigener Geist mich foltert, mir weniger anhaben können. Aber das wäre eine Lüge. Wenn dem so wäre, dann wäre ich geheilt.

Meine letzte schwere Krise ist nicht lange her. Dieses Mal waren nicht nur zwei Menschen betroffen. Die Kinder erlebten hautnah mit, wie ihre Mutter den Boden unter den Füßen verlor. Im ersten Moment versuchte ich, alles vor ihnen zu verheimlichen. Ich produzierte Ausreden am Laufband: Mami ist müde, Mami weint, weil sie etwas im Auge hat, Mami isst nicht mit, weil ihr der Bauch wehtut. Nach wenigen Tagen zeigte sich aber, dass das die falsche Strategie war. Meine Kinder spiegelten mich. Sie waren weinerlich, verunsichert, anhänglich. Und sie fühlten sich schuldig. Es brach mir das Herz. Mein Mann und ich entschieden uns, die Wahrheit zu sagen. Obwohl wir alles kindgerecht verpackten, spürten die Kleinen, dass das, was wir ihnen erklärten, extrem wichtig war. Ich hatte im Prinzip drei Botschaften: 1. Mama ist in ihrer Seele krank. Deswegen ist sie so traurig. 2. Ihr habt nichts angestellt, ich bin euch nicht böse, ihr seid nicht schuld, ich liebe euch so sehr. 3. Mama bekommt Hilfe.

In einem Bilderbuch für Kinder, deren Mütter an einer Wochenbettdepression leiden, fanden wir eine gute Metapher für die Krankheit. Dort war von einem Monster die Rede, dass der Mama die Gefühle stahl. Wir nutzten dieses Bild, um den Kindern zu erklären, was mit mir geschehen war. Obwohl die beiden noch sehr klein waren, verstanden sie gut, dass man das Monster bekämpfen musste. In den darauffolgenden Tagen malte gerade das ältere Kind am laufenden Band Monsterbilder. Immer, wenn eines fertig war, strich es das Ungeheuer am Schluss mit schwarzer Farbe durch. Das jüngere Kind fand einen anderen Weg, mit der Situation umzugehen. Es fragte mich mehrmals am Tag, wie groß denn das Monster in meinem Kopf sei. Natürlich ließ ich den Ohrwurm immer etwas mehr schrumpfen. Das war zwar nur die halbe Wahrheit, aber ich war es den beiden schuldig. Heute glaube ich, dass es die richtige Entscheidung war, die Kinder so einzubeziehen. Die beiden waren vollkommen verunsichert und irritiert, weil meine Welt ins Wanken geraten war.

Wenige Tage, nachdem wir die Kinder eingeweiht hatten, nahm ich sie zu meinem Psychiater mit. Glücklicherweise war Herr Ritter, selbst dreifacher Vater, auch in dieser Situation sehr einfühlsam. Er verstand, dass es wichtig für uns alle war, endlich mit offenen Karten zu spielen. Vermutlich wollte er mit eigenen Augen sehen, wie die beiden mit der Situation klarkamen. Ich hatte damals keine Ahnung, ob nicht doch ein stationärer Aufenthalt notwendig sein würde. In Gedanken war ich bereits in der Psychiatrie. Mein Arzt war sich vermutlich auch nicht sicher, ob ich es auch dieses Mal alleine durch ambulante Maßnahmen, wie Krisengespräche und eine höhere Dosierung des Medikaments schaffen würde, wieder Tritt zu fassen. Glücklicherweise blieb mir eine zweite Krankenhausrunde erspart. Aber es war knapp.

Gerade bin ich wieder in ruhigeren Gewässern angelangt. Ich lebe ein stressarmes Leben, treibe Sport, versuche, vernünftig zu essen, gehe früh ins Bett. Und ich nehme meine Tabletten. In den letzten

Jahren hatte ich mehrere Phasen, in denen ich nur eine Minimaldosis brauchte. Die letzte Krise zeigte aber deutlich, dass das ein Akt auf dem Drahtseil ist. Sobald ich die Dosis reduziere (was ich immer mal wieder getan habe, um mir und meinem Umfeld beweisen zu können, dass ich gesund bin), betrete ich dünnes Eis. Es geht mitunter lange gut. Doch immer, wenn mein Leben hektischer wird oder sich etwas Entscheidendes in meinem Umfeld verändert, schlägt der Parasit zu. Je höher der Wirkstoffspiegel in mir ist, desto stabiler ist mein Fallnetz. So einfach ist das. So schrecklich ist das. Wenn ich pharmakologisch so eingestellt bin, wie es der aktuellen Lehrmeinung entspricht, hat der Ohrwurm weniger Macht über mich. Vielleicht muss ich endlich akzeptieren, dass ich zwar kein Insulin und auch keine krampflösenden Asthmamittel brauche, dafür aber ein Wurmmittel. Und zwar lebenslang. Ja, das wäre ein guter Ansatz.

Meine Erkrankung wird mich vermutlich den Rest meines Lebens begleiten. Dr. Ritter wird so lange wie möglich mein Ansprechpartner bleiben. Im Idealfall kontaktiere ich ihn nur alle paar Monate, um ihn auf den neuesten Stand zu bringen und mir ein neues Medikamentenrezept zu besorgen. Wenn sich eine Krise anbahnt, wird die Betreuung augenblicklich engmaschiger. Ich schätze es sehr, dass er mir vertraut, dass ich meine Krankheit bis zu einem gewissen Punkt selbst managen kann. Dieses Stückchen Selbstbestimmtheit wirkt sich positiv auf mein Selbstwertgefühl aus. Ich bin nicht nur die, die dem Ohrwurm ausgeliefert ist. Ich bin auch die, die den Feind gut kennt und kompetent genug ist, sich Hilfe zu holen. Ich versuche immer wieder, den Zwang als Teil von mir zu akzeptieren, aber dann fällt er mir wieder in den Rücken und ich wünsche mir nichts sehnlicher, als dass jemand kommen und den Parasiten aus meinem Hirn schneiden würde.

Mein Psychiater sagte mir, niemand könne mir garantieren, dass nicht eines meiner Kinder ebenfalls eine Zwangsstörung entwickeln würde. Ich könne aber versuchen, die Muster, die ich in meinem Elternhaus erlernt habe, zu durchbrechen. Ich probiere das jeden Tag. Ich scheitere oft. Es ist noch keine fünf Tage her, da fauchte ich meine Kinder an, weil sie zu ungestüm gespielt hatten. Ich sah mich schon in der Notaufnahme und breitete alle meine Ängste vor den beiden aus. Doch manchmal gelingt es mir, es anders vorzuleben, als ich es gelernt habe. Dann stehen wir an einer stark befahrenen Straße und ich lasse es zu, dass die Kinder selbst entscheiden, wann sie den ersten Schritt auf die Fahrbahn machen. Und wenn abends kurz vor dem Einschlafen ein Gespenst durchs Kinderzimmer spukt, bleibe ich so lange, bis die beiden es geschafft haben, den Geist zu vertreiben. Meine Kinder sollen nicht glauben, dass die Welt per se gefährlich ist. Ich wünsche mir, dass sie selbstbewusst werden und sich nicht davor fürchten, auch einmal unangenehme Gedanken zu haben. Im Prinzip ist es doch ganz einfach: Die Gedanken sind frei. Kein Mensch kann sie wissen, kein Jäger erschießen. Es bleibet dabei: Die Gedanken sind frei.

Wie schön, dass es endlich dieses Buch gibt!
Ein Nachwort von Susanne Fricke

Vor zwanzig Jahren wusste kaum jemand, was eine Zwangserkrankung ist. Heutzutage dagegen können sich viele Menschen etwas darunter vorstellen. »Müssen da nicht Leute immer wieder ihre Hände waschen, auch wenn sie schon ganz sauber sind?« Oder: »Das ist doch die Krankheit, bei der Menschen immer wieder kontrollieren, ob der Herd ausgeschaltet ist, obwohl sie ihn gar nicht benutzt haben.« So oder ähnlich reagieren viele Leute, wenn sie von Zwangsstörungen hören. Wasch- oder Kontrollzwänge gehören zu den bekannteren Symptomen. Berichte über diese Zwänge werden oft im Fernsehen gezeigt, viele Zeitschriften bringen immer mal wieder Artikel zu diesem Thema. Außerdem gibt es mittlerweile viele Erfahrungsberichte, in denen Betroffene von ihren Wasch- oder Kontrollzwängen und deren Therapie erzählen. Ganz anders ist jedoch die Situation bei Zwangsgedanken. Dass es auch Zwänge gibt, die sich fast ausschließlich im Kopf abspielen, weiß kaum jemand. In Zeitschriften sucht man vergeblich nach Berichten, ebenso im Fernsehen.

»Was wäre, wenn ich Ben nicht mehr lieben würde? Folgerichtig müsste ich ihn dann verlassen, oder?« Mit diesem Gedanken beginnt der Leidensweg für Ellen Mersdorf, den sie in diesem Buch in sehr persönlicher Weise schildert. Der Ohrwurm, wie sie ihn nennt, ist sehr heimtückisch, er sucht sich ein Thema aus, das für sie persönlich bedeutsam ist. Daher kann sie diese Fragen nicht so einfach beiseiteschieben. Sie grübelt und quält sich, findet keine Ruhe. Anderen Betroffenen ergeht es ähnlich mit Zwangsgedanken wie »Was ist, wenn ich mein Baby mit dem Messer ersteche?!« oder »Kann es sein, dass ich pädophil bin?!« Zwangsgedanken-Ohrwürmer attackieren zentrale Wertvorstellungen der Betroffenen. Schnell entsteht ein Teufelskreis: »Ich darf diese Gedanken nicht denken!« – und schon sind sie wieder im Kopf. So lassen sich die Gedanken immer schwerer abschütteln. Weil die Inhalte so persönlich sind, den eigenen oder auch gesellschaftlichen Werten widersprechen, leiden Betroffene häufig unter starken Schamgefühlen, mögen sich niemandem anvertrauen und fühlen sich einsam und sehr allein mit ihren Gedanken.

In diesem Buch erfahren Betroffene nun, dass es vielen anderen auch so geht. Sehr eindringlich beschreibt Ellen Mersdorf, wie belastend solche Zwangsgedanken sind und wie sie das ganze Leben beeinträchtigen können. Besonders schwiwig ist es für Betroffene, wenn sie nicht wissen, dass dieser Ohrwurm eine Krankheit ist. Das führt dazu, dass sie Zwangsgedanken für bare Münze nehmen, an sich selbst zweifeln, grübeln oder auch befürchten, verrückt zu werden. Hautnah erlebt der Leser mit, wie quälend diese Zeit ohne Diagnose für Ellen Mersdorf war. »Sobald die Krankheit einen Namen hat, wird es leichter. Zumindest ein bisschen«, schreibt sie in ihrem Vorwort. Zu wissen, dass die Gedanken Zwangsgedanken sind, hilft, sich ein stückweit von ihnen zu distanzieren und sich selbst nicht mehr so infrage zu stellen.

Dieses Buch ist nicht nur für Betroffene und Angehörige, sondern auch für Fachleute eine wichtige Lektüre. Untersuchungen zeigen, dass Zwangserkrankungen von Ärzten und Psychotherapeuten häufig nicht erkannt werden. Das hat unterschiedliche Gründe: Betroffene schämen sich oft, von diesen Symptomen zu berichten, Fachleute fragen nicht von sich aus danach oder ordnen die Symptome einer anderen Diagnose zu. Es wäre schön, wenn dieses Buch dazu beiträgt, dass dem einen oder anderen Patienten schneller geholfen werden würde, weil seine Ärztin oder Therapeutin die Symptome schneller richtig einordnen kann. Auch kann das Lesen Fachleuten helfen, sich im medizinischen oder psychotherapeutischen Alltag kritisch zu fragen, ob ihr Umgang mit Patienten sensibel und wertschätzend ist. »Der Patient ist ein Ding, während die anderen über ihn reden, als wäre er nicht da.« So beschreibt Ellen Mersdorf ihre erste Visite. Ihre Sicht ist leider kein Einzelfall, zu oft wird von fachlicher Seite das Erleben der Patienten aus den Augen verloren, nicht in böser Absicht, sondern im Rahmen der Alltagsroutine.

Keine oder eine falsche Diagnose zu bekommen, bedeutet für Betroffene (neben der Verlängerung ihres Leidens) auch, dass nicht die richtige Behandlung empfohlen wird. Ellen Mersdorf war bei mehreren Ärzten und Therapeuten, deren Angebot nicht hilfreich war, teilweise ihre Belastung sogar noch verschlimmert hat. Ihre Erfahrungen sind leider keine Ausnahme, sondern kommen immer noch viel zu häufig vor.

Als Ellen Mersdorf endlich auf Dr. Ritter trifft, der ihre Symptome richtig einordnet und die Diagnose »Zwangserkrankung« stellt, atmet man auch als Leserin auf und freut sich mit ihr. Endlich bekommt sie die richtige Behandlung: Medikamente in der angemessenen Dosierung und Verhaltenstherapie. Beides kann bei Zwangserkrankungen helfen, wie viele wissenschaftliche Untersuchungen gezeigt haben. Bei den Medikamenten sind die sogenannten Serotonin-Wiederaufnahmehemmer wirksam. Sie sorgen dafür, dass das Serotonin, ein Botenstoff im Gehirn, länger verfügbar ist. Betroffenen helfen sie, Abstand zu den Zwängen zu bekommen, die innere Anspannung zu senken und die Stimmung zu verbessern. Im Vergleich zu anderen psychischen Erkrankungen müssen die Serotonin-Wiederaufnahmehemmer in höherer Dosis gegeben werden. Außerdem kann es bis zu zehn Wochen dauern, bevor man ihre Wirkung merkt. Verhaltenstherapie gibt einem Werkzeug an die Hand, mit den Zwangsgedanken (und Zwangshandlungen, wenn jemand auch unter diesen leidet) umzugehen. Das Werkzeug wird in der Einzeltherapie auf die jeweilige Person angepasst, die Therapie ist sozusagen maßgeschneidert. Ellen Mersdorf gibt einen guten Einblick, wie ihre maßgeschneiderte Verhaltenstherapie aussah.
Es kommt gar nicht so selten vor, dass durch eine Verhaltenstherapie (allein oder mit Medikamenten) die Zwänge ganz weggehen. Häufiger ist es aber so, dass Zwänge zwar weniger werden, aber nicht vollständig verschwinden, wie Ellen Mersdorf es erlebt hat. Trotzdem ist ihr Leben wieder sehr viel schöner geworden, sie ist glücklich verheiratet, hat zwei Kinder und ist beruflich erfolgreich. An vielen Tagen kann sie mit dem Ohrwurm umgehen und er stört er sie wenig. Leider gibt es immer wieder auch

Phasen mit Rückschlägen, in denen der Ohrwurm wieder ganz stark »kneift«. Dann ist es wichtig, so früh und so schnell wie möglich gegenzusteuern. »Geschwindigkeit rausnehmen, auf sich achten, Familienmitglieder vorwarnen, Verbündete suchen – und vor allem der Wahrheit ins Auge blicken.« Diese persönliche Mitteilung von Ellen Mersdorf kann ich aus therapeutischer Sicht sehr unterstreichen. Nicht zu lange abwarten, sonst wird plötzlich aus dem »Ohrwürmchen« ein übermächtiges Ohrwurm-Monster! Wenn man hingegen schnell etwas unternimmt, lassen sich Rückfälle besser begrenzen und überwinden. Und so eine aktive Herangehensweise macht stärker, selbstbewusster und kompetenter im Kampf gegen den Zwang.

Vielen Dank, Ellen Mersdorf, für dieses sehr offene und gleichzeitig Mut machende Buch!

PD Dr. Susanne Fricke arbeitet als Psychologische Psychotherapeutin (Verhaltenstherapie) und Supervisorin in eigener Praxis und ist seit vielen Jahren auf die Behandlung von Zwangserkrankungen spezialisiert. Sie ist Autorin und Mitautorin von zahlreichen Büchern und Artikeln zu Zwangsstörungen.

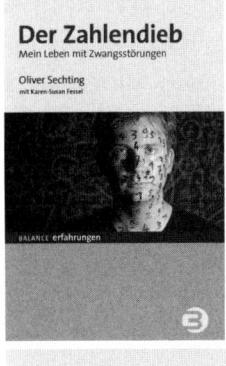

Oliver Sechting mit Karen-Susan Fessel
Der Zahlendieb
Mein Leben mit Zwangsstörungen
BALANCE erfahrung
191 Seiten, Broschur
ISBN Print 978-3-86739-125-2, 16,00 Euro
ISBN PDF 978-3-86739- 903-6, 12,99 Euro

Der Lebensgefährte des Filmemachers Rosa von Praunheim schildert humorvoll eine behütete Kindheit, die mit dem Krebstod des Vaters und der Entdeckung der eigenen Homosexualität früh endet. Er beschreibt erste sexuelle Empfindungen und die damit verbundenen Ängste und Schamgefühle bis hin zur Entwicklung immer bedrohlicherer Zwangsgedanken.
Als sein Umfeld ihn zu professioneller Hilfe drängt, lernt er, dass Zwänge seine Ängste regulieren. Auch wenn er sie nicht ganz abschütteln kann: Seit er offensiv mit ihnen umgeht, haben die Zwänge an Macht verloren.

»Oliver Sechtings Buch zeigt, wie eng Lebens- und Krankheitsgeschichte miteinander verwoben sind. Es ist ein gelungenes Beispiel humorvoller und gleichzeitig ernsthafter, mutiger und ehrlicher Aufarbeitung der eigenen Erfahrungen.«
Dennis Riehle, Psychosoziale Umschau

BALANCE **buch + medien verlag**
Internet: www.balance-verlag.de • E-Mail: info@balance-verlag.de

Ellen Mersdorf: Alles nur in meinem Kopf.
Leben mit Obsessionen und Zwangsgedanken
1. Auflage 2014, Reprint 2021
ISBN-Print: 978-3-86739-073-6
ISBN-PDF: 978-3-86739-757-5
ISBN-ePub: 978-3-86739-874-9

Bibliografische Information der Deutschen Nationalbibliothek
Die Deutsche Nationalbibliothek verzeichnet diese Publikation in der Deutschen
Nationalbibliografie; detaillierte bibliografische Daten sind im Internet über
http://dnb.d-nb.de abrufbar.

Weitere Ratgeber, Selbsthilfe-Bücher und Erfahrungsberichte unter
www.balance-verlag.de

© BALANCE buch + medien verlag, Köln 2014
Der BALANCE buch + medien verlag ist ein Imprint
der Psychiatrie Verlag GmbH, Köln
Alle Rechte vorbehalten. Kein Teil des Werkes darf ohne Zustimmung
des Verlags digitalisiert, vervielfältigt oder verbreitet werden.
Umschlagkonzeption und -gestaltung: GRAFIKSCHMITZ, Köln
unter Verwendung eines Bildes von yanlev / fotolia.com
Typografiekonzeption: Iga Bielejec, Nierstein
Satz: BALANCE buch + medien verlag, Köln
Druck und Bindung: Plump Druck & Medien GmbH, Rheinbreitbach